CIVILIZACIONES PERDIDAS:
Misterios de Culturas Antiguas

Tomás U. Rodríguez Martín

Sinopsis de "Civilizaciones Perdidas: Misterios de Culturas Antiguas"

A lo largo de la historia, numerosas civilizaciones han surgido, alcanzado niveles asombrosos de desarrollo y, de manera misteriosa, desaparecido, dejando tras de sí vestigios intrigantes y preguntas sin respuesta. **"Civilizaciones Perdidas: Misterios de Culturas Antiguas"** es una obra fascinante que invita al lector a explorar las culturas que alguna vez dominaron vastos territorios, pero que se desvanecieron en la bruma del tiempo, dejando un legado de monumentos impresionantes, tecnologías avanzadas y relatos enigmáticos que continúan cautivando a arqueólogos, historiadores y curiosos por igual.

El libro aborda desde la mítica Atlántida, narrada por Platón, hasta civilizaciones reales como los sumerios, mayas y olmecas, cada una con sus propios misterios y legados que desafiaron las fuerzas del tiempo y la naturaleza. A través de una investigación accesible y humanizada, se exploran los relatos de culturas que desaparecieron repentinamente, como los habitantes de Mohenjo-Daro en el Valle del Indo o los nabateos de Petra, y se plantean teorías sobre su declive, catástrofes naturales y colapsos internos.

Cada capítulo del libro ofrece una inmersión profunda en los aspectos más destacados de cada civilización: su historia, cultura, religión, avances tecnológicos y, sobre todo, las incógnitas que rodean su desaparición. A lo largo de esta obra, el lector descubrirá cómo estas culturas perdidas han dejado huellas imborrables en la historia de la humanidad y cómo, a pesar de siglos de investigación, muchas de sus características siguen siendo motivo de especulación y teorías contemporáneas.

"Civilizaciones Perdidas: Misterios de Culturas Antiguas" no solo es una obra sobre historia, sino también una reflexión sobre el destino de las sociedades humanas y cómo el conocimiento perdido podría tener implicaciones en el presente y el futuro. El libro cierra con una conclusión reflexiva sobre las lecciones que estas civilizaciones pueden ofrecernos, desde su ascenso hasta su caída, y sobre cómo el misterio sigue siendo un poderoso motor para el avance del conocimiento.

Ideal para aquellos que se sienten atraídos por lo desconocido, este libro combina rigor histórico con un tono accesible, convirtiéndose en una lectura imprescindible para cualquier persona interesada en los grandes enigmas de la historia.

INDICE:

"Civilizaciones Perdidas: Misterios de Culturas Antiguas". Cada capítulo explorará una civilización perdida, con una estructura que cubre sus aspectos más intrigantes, su legado y los misterios que aún rodean su desaparición.

dominante

Capítulo 8: La Isla de Pascua – Los Moáis y el Fin de una Civilización

- Los moáis: Misterios de la construcción y transporte
- El ecosistema de la isla y el colapso demográfico
- Teorías sobre la desaparición de la sociedad Rapa Nui
- La persistencia del legado cultural

Capítulo 9: Los Anasazi – Los Arquitectos del Desierto Americano

- Cliff Dwellings: Las impresionantes ciudades en acantilados
- La desaparición de los Anasazi: Cambios climáticos y conflictos
- Relaciones con otras culturas indígenas americanas
- Vestigios arqueológicos y su conservación

Capítulo 10: Los Fenicios – Los Maestros del Comercio y Navegación

- El papel de los fenicios en la expansión del Mediterráneo
- Cartago: El auge y caída de una ciudad poderosa
- La influencia fenicia en la navegación y comercio
- Legado lingüístico y cultural en el mundo

- La cultura cananea y su legado
- La influencia en la religión y mitología bíblica
- La desaparición de los cananeos
- Descubrimientos recientes y su impacto en la historia

Capítulo 16: Los Escitas – Guerreros del Este de Europa

- El estilo de vida nómada y la cultura guerrera
- Tumbas reales y el arte escita
- Relaciones con otras civilizaciones antiguas
- El declive y desaparición de los escitas

Capítulo 17: Los Etruscos – La Civilización que Precedió a Roma

- El misterio de la lengua etrusca
- La cultura y religión etrusca
- La influencia en la fundación de Roma
- Teorías sobre su desaparición e integración en Roma

Capítulo 18: Los Guanches – Los Habitantes Originales de las Islas Canarias

- Los enigmas de su origen y llegada a las islas
- Cultura y costumbres de los guanches
- La llegada de los colonizadores europeos
- El impacto cultural en la sociedad canaria moderna

Capítulo 19: Los Hiperbóreos – El Mito del Pueblo del Norte

- Relatos antiguos sobre los hiperbóreos

Conclusión:

DEDICATORIA

A todos los profesionales, amigos y todas las personas que me ilustraron sobre estos temas y clarificaron mis dudas y, sobre todo, a aquellos que se identifican con esta frase que resume el contenido de este libro: "A través de los ecos del tiempo, las civilizaciones perdidas nos enseñan que el misterio de su desaparición es tan profundo como el legado que dejaron en la humanidad."

AGRADECIMIENTOS

A toda mi familia quienes con su apoyo y motivación
me permitieron acceder a estos conocimientos.

CAPÍTULO 1: LA ATLÁNTIDA – ¿MITO O REALIDAD?

La Atlántida ha cautivado la imaginación de filósofos, exploradores y soñadores durante siglos. Descrita por primera vez por el filósofo griego Platón, esta civilización avanzada se dice que existió hace más de 9.000 años antes de su tiempo, en una isla más allá de las "Columnas de Hércules" (lo que hoy conocemos como el Estrecho de Gibraltar). Según Platón, la Atlántida era una sociedad rica y poderosa que, tras una serie de eventos catastróficos, desapareció bajo las olas del océano. Sin embargo, ¿fue esta historia un relato verídico o una alegoría filosófica sobre la ambición y la caída del ser humano? En este capítulo, exploraremos los relatos originales de Platón, las búsquedas arqueológicas en busca de evidencias, las teorías modernas sobre su posible ubicación y caída, y cómo la Atlántida ha perdurado en la cultura contemporánea como uno de los mayores misterios de la humanidad.

Los relatos de Platón: El origen del mito

La historia de la Atlántida proviene de dos de los diálogos más famosos de Platón: **"Timeo"** y **"Critias"**, escritos alrededor del año 360 a.C. En estos diálogos, Platón relata la conversación entre Sócrates, Critias, Hermócrates y Timeo, donde Critias, el personaje central, narra la historia de una civilización olvidada, la Atlántida. Según Critias, la historia le fue transmitida por su abuelo, quien a su vez la había recibido de un sacerdote egipcio. Este sacerdote habría contado la historia durante una visita de Solón, el legislador ateniense, a Egipto.

Platón describe la Atlántida como una civilización rica y poderosa, con avances tecnológicos y militares que superaban a cualquier otra sociedad de la época. Los atlantes vivían en una isla enorme, dividida en anillos concéntricos de tierra y agua, con un gran templo dedicado al dios Poseidón en el centro. Se decía que su capital era un paraíso de maravillas arquitectónicas, con enormes muros de oro, plata y bronce que rodeaban la ciudad.

Platón utilizaba la historia de la Atlántida no solo para mostrar la magnificencia de esta civilización, sino también para transmitir un mensaje moral. Los atlantes, al principio, eran virtuosos y piadosos, pero a medida que su riqueza y poder crecían, se volvieron arrogantes y corruptos. En castigo por su soberbia, los dioses decidieron destruir su civilización mediante terremotos e inundaciones, haciendo que la Atlántida desapareciera en el mar en un solo día y noche de desastres.

Desde el momento en que Platón escribió estos diálogos, los estudiosos han debatido si su historia era puramente ficticia, una alegoría sobre el exceso y la corrupción, o si se basaba en alguna verdad histórica que se había perdido con el tiempo. Algunos consideran que Platón creó la historia como un medio para contrastar la virtud de Atenas con la decadencia de otras naciones, mientras que otros creen que pudo haber existido una civilización real que inspiró el relato.

Búsquedas arqueológicas y teorías modernas

Desde la época de Platón, la idea de la Atlántida ha capturado la imaginación de muchos investigadores, arqueólogos y aventureros que han tratado de descubrir pruebas de su existencia. A lo largo de los siglos, se han propuesto varias teorías sobre la ubicación de la Atlántida, basándose en descripciones geográficas y en las características descritas por

Platón. Sin embargo, hasta el día de hoy, no se ha encontrado evidencia concluyente que demuestre la existencia de la Atlántida tal como la describió Platón.

1. Teoría del Mediterráneo y la isla de Santorini (Thera): Una de las teorías más populares es que la Atlántida pudo haber sido la civilización minoica, que floreció en la isla de Creta y otras islas del mar Egeo, incluida Santorini. La erupción volcánica de Thera, ocurrida alrededor del 1600 a.C., fue una de las más grandes en la historia de la humanidad y provocó tsunamis y la caída de ceniza que destruyó grandes partes de la civilización minoica. Algunos estudiosos creen que Platón pudo haber tomado inspiración de esta catástrofe, y su relato de la Atlántida podría estar basado en los recuerdos distorsionados de este desastre natural.

2. La Atlántida en el Atlántico: Otra teoría popular sugiere que la Atlántida estaba ubicada en algún lugar en el Océano Atlántico, más allá del Estrecho de Gibraltar, tal como lo describió Platón. Algunos investigadores han sugerido las Islas Azores o incluso el área que hoy cubre el Mar de los Sargazos. Otros creen que la Atlántida pudo haber sido una isla en las cercanías de lo que ahora es España o Marruecos, que se hundió bajo las aguas debido a un terremoto o maremoto.

3. La Antártida como Atlántida: Una teoría más radical sugiere que la Atlántida pudo haber sido la Antártida antes de que se cubriera de hielo. Proponentes de esta hipótesis, como el escritor Charles Hapgood, han argumentado que un cambio en el eje de rotación de la Tierra causó que el continente antártico se desplazara hacia el Polo Sur, cubriéndose de hielo y enterrando los restos de una civilización avanzada.

4. Atlántida en América: Algunos estudiosos han sugerido que la Atlántida podría haber estado en el continente americano. El explorador español Francisco López de Gómara fue uno de los primeros en proponer que las civilizaciones precolombinas, como los aztecas o los mayas, podrían haber sido descendientes de los atlantes. Aunque esta teoría no es ampliamente aceptada, ha inspirado investigaciones que buscan conexiones entre las civilizaciones antiguas de América y el mito de la Atlántida.

Hipótesis sobre la caída de la Atlántida

Las posibles causas de la caída de la Atlántida varían enormemente dependiendo de la interpretación del relato de Platón. Algunos creen que se trató de un **cataclismo natural**, mientras que otros sugieren que su desaparición fue el resultado de un **colapso interno** debido a la corrupción y la decadencia moral.

1. Terremotos y tsunamis: Como Platón describe, la Atlántida fue destruida en un solo día y noche de "terribles terremotos e inundaciones". Es posible que su relato estuviera basado en eventos reales, como el colapso de una isla volcánica o una serie de terremotos que provocaron tsunamis devastadores. La erupción de Thera y el colapso subsiguiente de la civilización minoica proporcionan una analogía cercana para este tipo de desastre.

2. Cambio climático: Otra teoría sugiere que cambios en el clima o el nivel del mar pudieron haber sido responsables de la destrucción de la Atlántida. Durante el período neolítico y la Edad del Bronce, muchas civilizaciones costeras enfrentaron aumentos repentinos en el nivel del mar, lo que provocó la inundación de grandes áreas de tierra habitable. Esto podría haber llevado a la desaparición de una civilización costera próspera.

3. Decadencia interna: Platón atribuye la caída de la Atlántida a la corrupción moral de sus ciudadanos. Según su relato, los atlantes, una vez virtuosos y respetuosos de los dioses, se volvieron arrogantes y codiciosos, lo que llevó a los dioses a castigarlos. Esta hipótesis sugiere que la Atlántida pudo haber sucumbido no solo a desastres naturales, sino también a la decadencia interna, que erosionó su estructura social y la hizo vulnerable a las fuerzas destructivas externas.

4. Invasiones extranjeras: Otra posibilidad es que la Atlántida fuera invadida por fuerzas extranjeras. Platón menciona en sus diálogos que los atlantes intentaron expandir su imperio, lo que los llevó a enfrentarse a las fuerzas de Atenas. Es posible que esta expansión provocara una serie de guerras que, junto con desastres naturales, acabaron debilitando a la civilización hasta su colapso.

La influencia del mito en la cultura contemporánea

El mito de la Atlántida ha perdurado durante más de dos mil años, inspirando exploraciones, teorías y obras de arte. Desde los diálogos de Platón hasta la ciencia ficción moderna, la Atlántida ha sido un símbolo de una civilización avanzada y perdida, que plantea preguntas fundamentales sobre la naturaleza del poder, la ambición y el destino de las sociedades humanas.

1. Exploraciones inspiradas por la Atlántida: Durante la Era de los Descubrimientos, muchos exploradores europeos se embarcaron en misiones en busca de la Atlántida. El mito influyó en figuras como Cristóbal Colón, que buscaba tierras desconocidas al otro lado del Atlántico, y algunos de los primeros mapas de las Américas incluyen referencias a la Atlántida o a islas misteriosas que se hundieron en el océano.

2. Literatura y arte: El mito de la Atlántida ha sido el tema de numerosos libros, pinturas y películas. Obras como *La Atlántida* de Pierre Benoit (1919) y *20,000 leguas de viaje submarino* de Julio Verne han llevado la leyenda a nuevas audiencias. En el siglo XX, la idea de la Atlántida como una civilización perdida con tecnología avanzada influyó en la ciencia ficción y en teorías esotéricas sobre civilizaciones extraterrestres.

3. Esoterismo y teorías alternativas: En el siglo XIX, la Atlántida cobró protagonismo en movimientos esotéricos y espirituales. La obra de Helena Blavatsky y otros teósofos influyó en la creencia de que los atlantes poseían una sabiduría y tecnología superior, y que su legado continúa vivo en nuestra cultura. En el siglo XX, escritores como Edgar Cayce afirmaron que los atlantes poseían energía cristalina y que restos de su civilización podrían ser descubiertos algún día.

4. Impacto en la cultura popular: La Atlántida ha sido retratada en numerosas películas, programas de televisión, videojuegos y cómics. Desde la versión de Disney de *Atlantis: El imperio perdido* hasta la serie de televisión *Stargate Atlantis*, el mito ha encontrado un lugar firme en la cultura contemporánea, representado a menudo como una civilización con tecnología mucho más avanzada que la nuestra.

El mito de la Atlántida sigue siendo un enigma fascinante. Aunque no se ha encontrado evidencia concluyente de su existencia, su impacto cultural e histórico es innegable. Más allá de una simple leyenda, la Atlántida sirve como un recordatorio de cómo las civilizaciones pueden florecer y caer, y cómo los misterios del pasado siguen despertando la imaginación del presente.

CAPÍTULO 2: LOS SUMERIOS – LOS PIONEROS DE LA CIVILIZACIÓN

La civilización sumeria, asentada en el sur de Mesopotamia alrededor del año 4000 a.C., es considerada por muchos historiadores como la primera gran civilización de la historia humana. Ubicada en lo que hoy es el sur de Irak, la tierra de Sumer fue el escenario donde se desarrollaron innovaciones fundamentales que darían forma al curso de la humanidad: desde la creación de la escritura hasta avances en el gobierno, la religión y la tecnología. En este capítulo, exploraremos la fascinante historia de los sumerios, su mitología, sus logros, y cómo su declive marcó el fin de una era. A pesar de su desaparición, el legado sumerio sigue influyendo en la civilización moderna de formas sutiles pero profundas.

El nacimiento de la escritura: Los primeros registros cuneiformes

Uno de los mayores logros de la civilización sumeria fue el desarrollo de la escritura, un hito que revolucionó la capacidad humana para registrar información, transmitir conocimiento y crear estructuras sociales más complejas. Los primeros sistemas de escritura sumerios comenzaron como **pictogramas**, donde los símbolos representaban objetos concretos, como animales o herramientas. Sin embargo, con el tiempo, estos pictogramas evolucionaron hacia un sistema más sofisticado conocido como **escritura cuneiforme**, caracterizado por sus distintivos signos en forma de cuña que se tallaban en tablillas de arcilla utilizando un estilete afilado.

La invención de la escritura cuneiforme, alrededor del 3200 a.C., permitió a los sumerios llevar un control detallado de sus transacciones comerciales, actos legales y eventos religiosos. Esta innovación no solo marcó el inicio de la historia escrita, sino que también sentó las bases para la burocracia, permitiendo a las ciudades-estado sumerias gestionar eficientemente grandes poblaciones y recursos. Las tablillas de arcilla, que son extremadamente duraderas, han proporcionado a los arqueólogos una rica fuente de información sobre la vida cotidiana, las creencias religiosas y la organización política de Sumer.

La escritura cuneiforme también se convirtió en un vehículo para la literatura y la preservación del conocimiento. Entre los textos más antiguos y significativos que se han descubierto está **"La Epopeya de Gilgamesh"**, una de las primeras obras literarias del mundo, que narra las aventuras del rey Gilgamesh y sus reflexiones sobre la mortalidad. Este poema épico no solo proporciona una visión única de la cosmovisión sumeria, sino que también introduce temas universales como la amistad, el destino y la búsqueda de la inmortalidad, lo que demuestra el profundo impacto cultural de la escritura en la sociedad sumeria.

Además de su uso en la literatura y los asuntos gubernamentales, la escritura cuneiforme fue crucial para el desarrollo de las ciencias sumerias, particularmente en áreas como las matemáticas y la astronomía. Los sumerios utilizaron su sistema de escritura para registrar observaciones astronómicas y desarrollar calendarios, lo que les permitió prever eventos agrícolas y religiosos clave.

La religión y mitología sumeria

La religión sumeria fue fundamental en la vida cotidiana de su pueblo, y cada aspecto de su existencia estaba estrechamente ligado a las creencias religiosas. Los sumerios eran politeístas, es decir, creían en múltiples dioses, y su mitología refleja una profunda interacción entre el mundo humano y el divino. En sus ciudades, los templos dedicados a las deidades locales, conocidos como **zigurats**, se alzaban imponentes sobre el paisaje, simbolizando tanto el poder religioso como la conexión con los cielos.

El panteón sumerio incluía una amplia variedad de dioses y diosas que representaban elementos naturales, conceptos abstractos y aspectos de la vida diaria. Entre las deidades más importantes se encontraban **Anu**, el dios del cielo y padre de los dioses; **Enlil**, dios del viento y la tormenta, que era también una de las deidades principales de Sumer; y **Enki**, dios de la sabiduría, la creación y las aguas. A estos dioses se les atribuía el control de todas las fuerzas naturales y sociales, desde la fertilidad de la tierra hasta el éxito en la guerra y la prosperidad de las ciudades.

Los mitos sumerios reflejan la relación entre los seres humanos y los dioses, así como el papel que los dioses jugaban en la creación y el mantenimiento del orden cósmico. Uno de los mitos más conocidos es el **"Enuma Elish"**, que narra la creación del mundo a partir del caos primordial. Según este mito, el mundo fue formado cuando los dioses derrotaron a los demonios del caos y establecieron un orden divino que debía ser mantenido a través de rituales y adoración.

Otra figura destacada en la mitología sumeria es **Inanna**, la diosa del amor, la fertilidad y la guerra, que aparece en varios mitos importantes. Uno de los más conocidos es el relato de su **descenso al inframundo**, una historia que simboliza la muerte y el renacimiento, así como los ciclos de la naturaleza. Inanna desciende a las profundidades del inframundo para desafiar a su hermana Ereshkigal, la diosa de la muerte, y al hacerlo, provoca un desequilibrio en el mundo que afecta la fertilidad de la tierra. Este mito tiene claras connotaciones relacionadas con los ciclos agrícolas, que eran fundamentales para la economía sumeria.

La religión sumeria también incluía rituales elaborados, sacrificios y festivales para honrar a los dioses y asegurar su favor. Los sacerdotes jugaban un papel crucial como intermediarios entre los dioses y el pueblo, supervisando las ofrendas y dirigiendo las ceremonias en los templos. La religión no solo proporcionaba consuelo espiritual, sino que también reforzaba la estructura social y política, ya que los reyes a menudo se presentaban como representantes divinos o elegidos por los dioses.

El declive de la civilización sumeria

A pesar de su grandeza y avances, la civilización sumeria comenzó a declinar alrededor del año 2000 a.C. Esta caída no fue repentina, sino que resultó de una combinación de factores internos y externos que debilitaron progresivamente las ciudades-estado de Sumer.

Uno de los factores más importantes fue la creciente competencia entre las propias ciudades sumerias. Las ciudades-estado, como Ur, Uruk, Kish y Lagash, frecuentemente se enfrentaban en guerras por el control de recursos, tierras y rutas comerciales. Aunque estas ciudades compartían una cultura común, sus luchas internas desgastaron sus capacidades económicas y militares. A medida que la lucha por el poder se intensificaba, la cohesión política de Sumer se fragmentaba.

Otro factor importante en el declive de los sumerios fue la presión externa de pueblos vecinos. En particular, los **acadios**, una civilización semítica al norte de Sumer, comenzaron a expandir su territorio bajo el liderazgo de **Sargón de Acad** alrededor del 2300 a.C. Sargón logró conquistar Sumer y establecer el primer imperio verdaderamente multiétnico de la historia, el Imperio acadio, absorbiendo las ciudades-estado sumerias en su reino. Aunque la cultura sumeria continuó influyendo en la sociedad acadia, su independencia política desapareció.

Además de la invasión acadia, otros pueblos como los **gutis**, un grupo montañés del noreste, y los **elamitas**, comenzaron a presionar a las ciudades sumerias debilitadas, invadiendo sus territorios y contribuyendo al colapso de la civilización sumeria como entidad política.

Factores ecológicos también jugaron un papel significativo en el declive de Sumer. La agricultura sumeria dependía en gran medida de la irrigación de los ríos Tigris y Éufrates, pero el uso excesivo de la tierra, la salinización del suelo y la mala gestión de los recursos hídricos provocaron un descenso en la producción agrícola. Esto llevó a hambrunas y a una reducción en la capacidad de las ciudades-estado para mantener su población y defenderse de las invasiones.

Finalmente, la llegada de los **amoritas** y la posterior formación del Imperio babilónico bajo **Hammurabi** marcó el fin definitivo de la era sumeria. Aunque la lengua sumeria continuó utilizándose en textos religiosos y académicos durante siglos, su papel como lengua viva fue reemplazado por el acadio, y las ciudades sumerias cayeron en el olvido.

Legado cultural y avances tecnológicos

A pesar de su declive, el legado de los sumerios ha perdurado a lo largo de milenios y sigue siendo fundamental en muchos aspectos de la civilización moderna. El impacto cultural y tecnológico de los sumerios en áreas como la escritura, el gobierno, la arquitectura y la ciencia es innegable, y sus logros sirvieron de base para las civilizaciones que los siguieron, incluidas las acadias, babilónicas y asirias.

Uno de los legados más significativos de los sumerios fue la **escritura cuneiforme**, que no solo se utilizó en Sumer, sino que fue adoptada por otras culturas mesopotámicas durante más de 3.000 años. A través de este sistema de escritura, los sumerios también nos legaron sus **textos literarios**, incluidos poemas épicos, himnos religiosos y crónicas históricas. Estos textos ofrecen una ventana invaluable a las primeras civilizaciones humanas y sus cosmovisiones.

En el campo de la **arquitectura**, los sumerios fueron pioneros en la construcción de grandes complejos urbanos, templos y palacios. Sus **zigurats**, estructuras escalonadas que servían como centros religiosos y administrativos, influyeron en la arquitectura religiosa de Mesopotamia durante siglos y probablemente sirvieron como inspiración para las pirámides escalonadas de otras culturas.

Los sumerios también realizaron avances significativos en las **matemáticas** y la **astronomía**. Desarrollaron un sistema numérico basado en el número 60, que es la base de cómo dividimos el tiempo en horas, minutos y segundos hoy en día. Además, sus observaciones astronómicas contribuyeron a la creación de calendarios y sistemas para prever fenómenos celestiales.

En el ámbito del **derecho y la administración**, los sumerios fueron de los primeros en establecer sistemas legales codificados, precedentes de códigos legales más conocidos como el **Código de Hammurabi**. La organización de sus ciudades-estado en torno a sistemas jerárquicos de gobierno, con leyes escritas y burocracias sofisticadas, sentó las bases para los sistemas administrativos modernos.

La civilización sumeria, a pesar de su desaparición política, sigue viva en las estructuras fundamentales de nuestra sociedad moderna. Desde la invención de la escritura hasta los sistemas de gobierno y administración, los avances tecnológicos y culturales de los sumerios transformaron el mundo antiguo y continúan influyendo en nuestras vidas de maneras que a menudo pasamos por alto. Fueron verdaderos pioneros de la civilización, y su legado es, sin lugar a dudas, inmortal.

CAPÍTULO 3: LOS MAYAS – SABIDURÍA ASTRONÓMICA Y MISTERIOS INEXPLICABLES

La civilización maya, una de las culturas precolombinas más enigmáticas e influyentes, floreció en lo que hoy son México, Guatemala, Belice, Honduras y El Salvador, desde aproximadamente el año 2000 a.C. hasta su colapso en el siglo IX d.C. Los mayas se destacaron por sus impresionantes logros en astronomía, matemáticas, arquitectura y escritura, y dejaron un legado que continúa fascinando a los investigadores y entusiastas de la historia. A pesar de los avances que lograron, el colapso repentino de su civilización ha sido uno de los grandes misterios de la historia. En este capítulo, profundizaremos en la sofisticada astronomía de los mayas, su imponente arquitectura, las teorías sobre su misteriosa desaparición y los vestigios que aún perduran como testigos de su grandeza.

El calendario maya y las profecías del fin del mundo

Uno de los aspectos más reconocidos y estudiados de la civilización maya es su complejo y preciso sistema calendárico, que ha sido objeto de admiración y controversia, especialmente en la cultura popular. Los mayas utilizaron varios calendarios simultáneamente, el más famoso de los cuales es el **Calendario de Cuenta Larga**, que fue erróneamente interpretado como una profecía sobre el fin del mundo en el año 2012. Para entender la magnitud de su contribución al estudio del tiempo, es esencial explorar los diferentes calendarios que los mayas desarrollaron.

1. El Tzolk'in y el Haab': Los mayas utilizaban dos calendarios principales para medir el tiempo: el **Tzolk'in**, un ciclo sagrado de 260 días, y el **Haab'**, un calendario solar de 365 días. El Tzolk'in estaba relacionado con ciclos rituales y ceremoniales, y cada día del calendario tenía un significado espiritual. El Haab', por otro lado, era un calendario más práctico, basado en el ciclo solar y utilizado para marcar las estaciones y las actividades agrícolas. Cada 52 años, estos dos calendarios se alineaban en un ciclo mayor conocido como la **Rueda Calendárica**, un evento que los mayas consideraban de gran importancia religiosa y que simbolizaba un nuevo comienzo.

2. La Cuenta Larga: El calendario más enigmático de los mayas es el **Calendario de Cuenta Larga**, que medía el tiempo en períodos mucho más largos, permitiendo a los mayas registrar fechas históricas y prever ciclos cósmicos. La Cuenta Larga utiliza unidades llamadas **baktunes** (períodos de 144,000 días), lo que les permitió calcular fechas de miles de años. Fue este calendario el que culminó en el famoso 21 de diciembre de 2012, una fecha que muchos interpretaron como el "fin del mundo". Sin embargo, para los mayas, esa fecha no significaba una catástrofe, sino el fin de un ciclo de 13 baktunes y el comienzo de un nuevo ciclo.

La fascinación por las "profecías del fin del mundo" surge en gran parte de una mala interpretación moderna de los calendarios mayas. Los textos mayas no hablan de un apocalipsis, sino de transformaciones cósmicas y el ciclo continuo del tiempo, algo que los mayas consideraban parte de la naturaleza del universo. La precisión de los calendarios mayas refleja su profundo conocimiento de los movimientos astronómicos y su capacidad para predecir eventos astronómicos como los equinoccios, los eclipses solares y lunares, y otros fenómenos celestiales.

3. La astronomía maya: El estudio del tiempo estaba intrínsecamente ligado a la astronomía. Los mayas construyeron observatorios astronómicos y utilizaron sus templos y pirámides como herramientas para observar el cielo. Una de las estructuras más famosas es el **Caracol** en Chichén Itzá, un edificio que funcionaba como observatorio astronómico. Desde aquí, los astrónomos mayas realizaban observaciones precisas de los planetas, las estrellas y la Vía Láctea. Estos estudios no solo servían para mantener el calendario, sino que también tenían una relevancia ritual y social, pues los ciclos celestiales regían muchos aspectos de la vida maya.

La grandeza arquitectónica: Tikal, Palenque y Chichén Itzá

La arquitectura maya es otra de las pruebas irrefutables de su maestría cultural. En toda la región mesoamericana, los mayas erigieron algunas de las estructuras más impresionantes del mundo antiguo, que aún hoy siguen desafiando la comprensión moderna en términos de ingeniería y simbolismo. Las ciudades mayas eran centros urbanos imponentes, con palacios, templos, pirámides y plazas ceremoniales que servían tanto para fines religiosos como administrativos.

1. Tikal: Situada en el corazón de la selva guatemalteca, **Tikal** fue una de las ciudades más grandes e influyentes de la civilización maya. Tikal fue un centro político, económico y religioso que alcanzó su apogeo entre el 200 y el 900 d.C. Una de las características más sorprendentes de Tikal es su **Gran Plaza**, rodeada de templos piramidales, como el **Templo del Gran Jaguar**, que se eleva a 47 metros de altura. Estas pirámides no solo funcionaban como templos, sino también como observatorios astronómicos y símbolos de poder político. El diseño urbano de Tikal muestra una planificación sofisticada, con sistemas avanzados de gestión de agua y un profundo respeto por el entorno natural.

2. Palenque: Palenque, ubicada en el actual estado de Chiapas,

México, es conocida por su rica arquitectura y esculturas detalladas. Uno de los aspectos más notables de Palenque es su integración armoniosa con el paisaje circundante, rodeada de montañas y selvas. El **Templo de las Inscripciones**, que alberga la tumba del famoso gobernante maya **Pakal el Grande**, es una de las estructuras más estudiadas de la civilización maya. Los relieves y jeroglíficos de Palenque revelan la rica mitología e historia dinástica de los mayas, así como su visión del más allá.

3. Chichén Itzá: Chichén Itzá, situada en la península de Yucatán, es quizás el sitio maya más conocido a nivel mundial, en parte debido a su famosa pirámide, **El Castillo**, que está dedicada al dios Kukulkán, la versión maya del dios serpiente emplumada. Esta estructura es un ejemplo destacado de la arquitectura maya, con su diseño alineado con fenómenos astronómicos como el equinoccio. Durante estos eventos, la sombra que proyecta la pirámide crea la ilusión de una serpiente descendiendo por los escalones, lo que demuestra el conocimiento avanzado de los mayas sobre los movimientos del sol. Además de El Castillo, Chichén Itzá también cuenta con una cancha de juego de pelota y el **Cenote Sagrado**, donde se llevaban a cabo sacrificios rituales.

La planificación de estas ciudades, con sus plazas, templos y pirámides alineadas con fenómenos celestes, refleja una relación simbiótica entre la arquitectura, la religión y la astronomía. Cada ciudad maya tenía su propio carácter, pero todas compartían un enfoque en la monumentalidad y el simbolismo que trasciende la funcionalidad y se adentra en lo espiritual.

El colapso de los mayas: ¿Por qué desaparecieron?

Uno de los misterios más profundos en la historia de los mayas es el colapso repentino de sus ciudades en el siglo IX d.C. A diferencia de muchas otras civilizaciones que fueron conquistadas o destruidas por enemigos externos, la desaparición de las grandes ciudades mayas del periodo Clásico sigue siendo un enigma. Aunque algunas ciudades, como

Chichén Itzá y Uxmal, continuaron prosperando en el periodo Posclásico, la mayoría de las grandes ciudades del sur, como Tikal y Copán, fueron abandonadas. ¿Qué llevó a este colapso?

1. Teorías sobre la sobrepoblación y el agotamiento de recursos: Una de las teorías más aceptadas es que el crecimiento demográfico descontrolado y la presión sobre los recursos naturales llevaron a una crisis ecológica. Los mayas dependían de la agricultura intensiva, utilizando técnicas de tala y quema para abrir nuevas tierras para el cultivo. Sin embargo, esto condujo a la deforestación masiva y la erosión del suelo, lo que hizo que los terrenos fueran cada vez menos productivos. La incapacidad de alimentar a una población en crecimiento pudo haber provocado hambrunas y conflictos internos.

2. Cambio climático: Otra teoría es que un cambio climático severo, particularmente una serie de sequías prolongadas, pudo haber sido un factor clave en el colapso. Evidencias científicas sugieren que entre los años 800 y 900 d.C., la región maya sufrió varias sequías extremas, lo que habría afectado gravemente la producción agrícola y el acceso al agua. Sin suficiente agua para sostener sus ciudades densamente pobladas, los mayas se habrían visto forzados a abandonar sus centros urbanos en busca de mejores condiciones de vida.

3. Conflictos internos y guerras: El aumento de los conflictos entre las ciudades-estado mayas también podría haber contribuido a su caída. Las inscripciones y los registros arqueológicos indican que hubo un período de intensificación de las guerras en el Clásico Tardío. A medida que las ciudades competían por recursos y poder, las alianzas se rompieron y los reinos mayas se fragmentaron en facciones en guerra. Estas guerras continuas debilitaron las estructuras políticas y económicas de los mayas, llevándolos al colapso.

4. Desintegración política y social: A medida que las ciudades-estado mayas se volvían más dependientes de un sistema jerárquico centralizado, la caída de los gobernantes divinos pudo haber desestabilizado el sistema completo. Los mayas creían que sus reyes tenían una conexión especial con los dioses, por lo que las derrotas militares, la falta de lluvias y la hambruna pudieron haber sido vistas como señales de que los gobernantes habían perdido el favor divino. Esto pudo haber provocado revueltas internas, el abandono de las ciudades y la desaparición del sistema político.

Los vestigios de una civilización avanzada

Aunque la civilización maya experimentó un colapso en el siglo IX d.C., su legado sigue vivo en muchas formas. Los descendientes de los mayas todavía habitan en Mesoamérica, conservando tradiciones, lenguas y costumbres que datan de miles de años. Además, los impresionantes vestigios arqueológicos que dejaron atrás continúan siendo estudiados y admirados en todo el mundo.

1. Escritura jeroglífica y textos mayas: El sistema de escritura maya, uno de los más avanzados del mundo antiguo, fue grabado en monumentos, códices y cerámicas. Aunque muchos textos fueron destruidos durante la conquista española, algunos códices sobrevivieron, como el **Códice de Dresde**, que proporciona información valiosa sobre los conocimientos astronómicos y rituales de los mayas. Los avances en la decodificación de la escritura jeroglífica maya en el siglo XX han permitido a los arqueólogos comprender mejor su historia, su mitología y su organización social.

2. Matemáticas y el concepto del cero: Los mayas desarrollaron un sistema numérico basado en vigesimales (de base 20) y fueron una de las primeras civilizaciones en usar el concepto de **cero**, un avance revolucionario en las matemáticas. Este sistema numérico fue crucial para sus cálculos astronómicos y su capacidad para medir largos períodos de tiempo con gran precisión. La invención del cero también permitió a los mayas realizar complejos cálculos arquitectónicos y crear calendarios de extraordinaria precisión.

3. Sistemas agrícolas: A pesar de los problemas ecológicos que contribuyeron a su colapso, los mayas desarrollaron avanzados sistemas de **irrigación y cultivo en terrazas** que les permitieron sustentar grandes poblaciones durante siglos. Sus conocimientos agrícolas, que incluían el cultivo de maíz, frijoles y calabazas, sentaron las bases para la agricultura mesoamericana, influyendo en las culturas posteriores.

4. Influencia cultural en la región: A lo largo de los siglos, las ciudades mayas continuaron siendo centros culturales y religiosos importantes, y muchos de sus rituales y costumbres sobrevivieron a la conquista. Incluso hoy, las lenguas mayas se hablan en áreas de Guatemala, México y Belice, y las celebraciones religiosas mayas, como el **Día de los Muertos**, aún reflejan la influencia de sus antiguas creencias.

El enigma de la civilización maya, con su impresionante sabiduría astronómica, su arquitectura monumental y su misteriosa desaparición, sigue siendo uno de los más grandes misterios de la historia de la humanidad. Aunque muchas preguntas permanecen sin respuesta, los avances arqueológicos y el estudio continuo de los vestigios mayas nos acercan cada vez más a comprender el alcance total de su grandeza. La civilización maya no solo dejó tras de sí templos y ciudades, sino también un profundo legado cultural que continúa influyendo en el mundo moderno.

CAPÍTULO 4: LOS MOHENJO-DARO Y HARAPPA – EL MISTERIO DEL VALLE DEL INDO

La civilización del valle del Indo, que floreció aproximadamente entre el 3300 y el 1300 a.C. en lo que hoy es Pakistán y el noroeste de la India, es una de las más antiguas y enigmáticas de la historia. Aunque menos conocida que las civilizaciones egipcia o mesopotámica, sus ciudades, como **Mohenjo-Daro** y **Harappa**, se destacaron por su increíble nivel de planificación urbana, su tecnología avanzada y su intrincada organización social. A pesar de sus logros, la civilización del Indo desapareció misteriosamente, y muchos aspectos de su cultura, incluyendo su escritura, permanecen indescifrables hasta hoy. En este capítulo, exploraremos el urbanismo avanzado de estas ciudades, el misterio de su escritura, las teorías sobre su desaparición y sus posibles conexiones con otras culturas contemporáneas.

Urbanismo avanzado: Las ciudades de Mohenjo-Daro y Harappa

Una de las características más impresionantes de la civilización del valle del Indo fue el nivel de planificación urbana que exhibieron sus ciudades, especialmente **Mohenjo-Daro** y **Harappa**. Estas ciudades, que datan de entre el 2500 y el 1900 a.C., son testigos de una cultura que valoraba la organización, la higiene y la funcionalidad en su vida cotidiana. Su arquitectura, diseño de calles y sistemas de drenaje demuestran un conocimiento avanzado de ingeniería y urbanismo, que pocos otros pueblos de la época lograron igualar.

1. Diseño urbano: Tanto Mohenjo-Daro como Harappa fueron construidas siguiendo un diseño en cuadrícula, una característica sorprendente para su época. Las calles de estas ciudades estaban organizadas en patrones rectilíneos y seguían una planificación precisa, con avenidas anchas que dividían los distritos residenciales, comerciales y ceremoniales. Este tipo de diseño es una indicación clara de que los planificadores urbanos poseían un alto grado de conocimiento en geometría y construcción.

Las ciudades también estaban divididas en áreas altas y bajas. Las partes altas, a menudo conocidas como **ciudadela**, albergaban estructuras importantes, como los almacenes y los edificios públicos. Estas áreas estaban protegidas por gruesas murallas y se cree que tenían una función defensiva, aunque algunos arqueólogos sugieren que también podrían haber sido centros administrativos o religiosos. En Mohenjo-Daro, por ejemplo, se ha descubierto una gran estructura conocida como el **Gran Baño**, que muchos creen que era un lugar utilizado para rituales religiosos o actividades comunitarias. Esta piscina de ladrillos impermeables, que tenía un sistema de drenaje sofisticado, es uno de los ejemplos más destacados de la ingeniería avanzada de los habitantes del Indo.

2. Sistema de saneamiento: Lo que realmente distingue a las ciudades del valle del Indo de otras civilizaciones antiguas es su avanzado **sistema de drenaje y saneamiento**, considerado uno de los primeros del mundo. Cada hogar, independientemente de su tamaño o ubicación, estaba conectado a un sistema de alcantarillado que transportaba los desechos fuera de la ciudad. Las casas contaban con baños individuales y pozos, lo que refleja una preocupación excepcional por la higiene. Las calles principales estaban flanqueadas por canales de drenaje cubiertos que recogían el agua de lluvia y los residuos, mientras que las aguas residuales de los hogares eran vertidas en alcantarillas de ladrillo que desembocaban en depósitos alejados de la ciudad. Este enfoque en el saneamiento público muestra una sociedad altamente organizada que valoraba la salud y el bienestar de sus ciudadanos.

3. Edificios y arquitectura: En cuanto a la arquitectura, la mayoría de las casas en Mohenjo-Daro y Harappa estaban construidas con ladrillos cocidos uniformes, lo que asegura una durabilidad que ha permitido que estas estructuras sobrevivan miles de años. Las casas solían tener dos o tres pisos, lo que indica que la sociedad del Indo tenía conocimientos avanzados de construcción y gestión del espacio. Cada casa estaba organizada en torno a un patio interior, lo que proporcionaba ventilación y luz natural. Algunas de las casas más grandes, probablemente pertenecientes a las élites, contaban con varias habitaciones, baños privados y patios amplios, lo que revela un alto nivel de vida para ciertos sectores de la sociedad.

Este urbanismo avanzado sugiere que las ciudades del Indo eran bien planificadas y estaban gobernadas por autoridades centrales que supervisaban la construcción, la distribución de recursos y la gestión de infraestructuras. Sin embargo, a pesar de toda la evidencia arqueológica, se sabe muy poco sobre quiénes fueron estos gobernantes, ya que no se han encontrado palacios o templos monumentales como en otras civilizaciones contemporáneas. Esto plantea una pregunta intrigante: ¿cómo se organizaba políticamente esta sociedad tan avanzada?

El misterio de la escritura indescifrable

Uno de los mayores enigmas de la civilización del Indo es su **sistema de escritura**, que hasta el día de hoy no ha sido descifrado. Los arqueólogos han encontrado miles de **sellos** y **inscripciones** en cerámica, tablillas de arcilla y otros materiales, que contienen lo que parecen ser símbolos o jeroglíficos utilizados por los habitantes del Indo para registrar información. Sin embargo, a diferencia de otras civilizaciones antiguas, como los sumerios o los egipcios, no se han descubierto textos largos o inscripciones monumentales que puedan ofrecer claves significativas para interpretar esta escritura.

1. Características de la escritura del Indo: La escritura del valle del Indo consiste en una serie de símbolos que, en muchos casos, se encuentran acompañados de imágenes de animales o figuras abstractas. Estos símbolos se han encontrado principalmente en sellos de piedra, que probablemente fueron utilizados para marcar propiedades, productos o documentos comerciales. Los símbolos, que varían entre 5 y 17 por inscripción, presentan una estructura aparentemente compleja, pero no se ha encontrado un patrón claro que permita traducirlos de manera coherente.

Algunos investigadores creen que estos símbolos representan una lengua hablada, mientras que otros sugieren que podrían ser pictogramas o incluso un sistema mnemotécnico utilizado por las élites para recordar información importante, en lugar de un lenguaje completo. La falta de un equivalente moderno para estos símbolos y la ausencia de textos bilingües (como la **Piedra de Rosetta** en Egipto) han dificultado la tarea de los lingüistas en su intento por descifrar el significado de esta escritura.

2. Intentos de desciframiento: A lo largo de los años, varios estudiosos han propuesto teorías para descifrar la escritura del Indo, basándose en comparaciones con lenguas dravídicas modernas del sur de la India o en paralelismos con sistemas de escritura más antiguos como el cuneiforme. Sin embargo, hasta la fecha, ninguno de estos intentos ha sido ampliamente aceptado por la comunidad académica. La falta de contextos claros para las inscripciones y la brevedad de los textos encontrados hacen que sea extremadamente difícil identificar palabras o frases con certeza.

El hecho de que la escritura del Indo siga siendo indescifrable plantea preguntas fascinantes sobre cómo funcionaba esta civilización. Si bien sabemos que tenían un comercio sofisticado y un sistema de administración centralizada, la falta de documentos escritos que podamos leer deja muchos aspectos de su cultura en el misterio. ¿Qué creencias religiosas tenían? ¿Cómo se organizaban políticamente? ¿Qué tipo de leyes o normas regían sus ciudades? La escritura del Indo, si algún día se descifra, podría arrojar luz sobre muchos de estos enigmas.

Teorías sobre el colapso de la civilización del Indo

Uno de los misterios más desconcertantes de la civilización del valle del Indo es su repentina desaparición alrededor del año 1900 a.C. Durante siglos, las ciudades de Mohenjo-Daro, Harappa y otras florecieron como centros urbanos avanzados, pero en un período relativamente corto de tiempo, estas ciudades fueron abandonadas y la civilización del Indo se desintegró. ¿Qué causó su colapso?

1. Cambios ambientales y climáticos: Una de las teorías más aceptadas sobre la desaparición de la civilización del Indo es que cambios ambientales severos, como **sequías** prolongadas o el desvío de los ríos, jugaron un papel importante. Los ríos **Indo** y **Ghaggar-Hakra** eran fundamentales para la agricultura y la supervivencia de las ciudades del valle. Sin embargo, hay evidencia de que el Ghaggar-Hakra comenzó a secarse alrededor del año 2000 a.C., lo que habría devastado los sistemas agrícolas dependientes de la irrigación fluvial.

La arqueología también sugiere que el uso intensivo de los recursos naturales pudo haber llevado a la **erosión del suelo** y al agotamiento de las tierras de cultivo. A medida que la tierra se volvía menos productiva, las ciudades se enfrentaron a una crisis alimentaria, lo que podría haber precipitado la migración de sus habitantes hacia regiones más fértiles o mejor abastecidas por el agua.

2. Invasiones arias: Otra teoría, popularizada en el siglo XIX y XX, es que la civilización del Indo fue destruida por invasores arios que llegaron desde el noroeste. Esta hipótesis fue respaldada por algunos hallazgos arqueológicos, como los restos de personas aparentemente muertas de manera violenta en Mohenjo-Daro, lo que llevó a algunos investigadores a especular que los arios invadieron la ciudad y la destruyeron. Sin embargo, esta teoría ha sido criticada en años recientes, ya que las evidencias de una destrucción violenta son escasas y no concluyentes.

En lugar de una invasión repentina, algunos arqueólogos creen que la llegada de los pueblos indoeuropeos pudo haber sido más gradual, contribuyendo a la **asimilación cultural** y la mezcla de tradiciones, en lugar de una conquista violenta. De hecho, algunos elementos de la cultura del Indo parecen haber sobrevivido en las tradiciones posteriores del subcontinente indio, lo que sugiere que la civilización no fue destruida, sino que se transformó gradualmente.

3. Factores sociales y económicos: Otra posible causa del colapso podría haber sido un **desequilibrio social y económico** dentro de las ciudades. A medida que las ciudades crecían, la desigualdad social podría haber aumentado, lo que llevaría a tensiones internas y al colapso del orden social. Además, el comercio, que era vital para la prosperidad del Indo, podría haberse visto interrumpido debido a cambios políticos o conflictos en regiones vecinas, lo que habría debilitado la economía.

Es probable que una combinación de factores contribuyera al colapso de la civilización del Indo. Cambios ambientales, presiones sociales internas y la llegada de nuevos pueblos podrían haber interactuado para llevar al colapso de estas grandes ciudades. A medida que las ciudades fueron abandonadas, la civilización del Indo se fragmentó y, finalmente, desapareció de la historia, dejando un vacío cultural en la región que tardaría siglos en llenarse.

Conexiones con culturas contemporáneas

A pesar de su desaparición, la civilización del valle del Indo tuvo un impacto duradero en la historia de la región y probablemente mantuvo conexiones con otras culturas contemporáneas. Su extensa red comercial y la influencia que ejercieron sobre otras civilizaciones cercanas sugieren que el Indo no estaba aislado, sino que participaba activamente en los intercambios culturales y económicos de la época.

1. Comercio a larga distancia: La civilización del Indo mantuvo relaciones comerciales con otras civilizaciones avanzadas, como los sumerios en Mesopotamia. Se han encontrado **sellos del Indo** en sitios arqueológicos mesopotámicos, lo que indica que los habitantes del valle del Indo comerciaban con productos como textiles, marfil, piedras preciosas y posiblemente granos. Los barcos mercantes del Indo probablemente navegaban por el Golfo Pérsico, llevando mercancías hacia las ciudades sumerias y el resto del mundo antiguo.

Además, se ha encontrado evidencia de intercambios comerciales con otras regiones del subcontinente indio y con la cultura de la **civilización elamita**, lo que demuestra que el Indo formaba parte de una red de intercambio global mucho más amplia de lo que se creía anteriormente.

2. Influencias culturales: Algunos estudios sugieren que las influencias de la civilización del Indo podrían haber perdurado en las culturas posteriores de la región. Por ejemplo, ciertos patrones en la cerámica y el urbanismo de culturas posteriores, como la cultura védica, parecen tener raíces en las prácticas del Indo. Además, algunos aspectos de las religiones que se desarrollaron en la India podrían haber sido influenciados por las creencias religiosas del Indo, aunque la falta de textos religiosos claros hace difícil establecer conexiones definitivas.

3. Legado en la India moderna: A pesar de su desaparición, los habitantes del Indo probablemente se mezclaron con los pueblos que llegaron después, contribuyendo al desarrollo de las primeras culturas védicas. Hoy en día, muchos elementos de la cultura del Indo, como el uso de ladrillos cocidos, los patrones de urbanismo y las técnicas agrícolas, pueden rastrearse hasta sus descendientes en las regiones del Punjab y Sindh, en Pakistán, y Gujarat en la India.

La civilización del valle del Indo, representada por las ciudades de Mohenjo-Daro y Harappa, es un enigma que continúa fascinando a los arqueólogos e historiadores. Su urbanismo avanzado, su escritura indescifrable y su repentino colapso presentan desafíos únicos para la investigación histórica. Aunque muchas preguntas sobre esta civilización siguen sin respuesta, su legado sigue vivo en la arqueología, la historia y la cultura moderna del subcontinente indio.

CAPÍTULO 5: LOS OLMECAS – EL ENIGMA DE LAS CABEZAS COLOSALES

La civilización olmeca, que floreció en las tierras bajas del Golfo de México entre aproximadamente 1500 a.C. y 400 a.C., es considerada la "cultura madre" de Mesoamérica. A pesar de ser una de las primeras civilizaciones de la región, los olmecas dejaron un legado profundo en las sociedades que los sucedieron, como los mayas, los zapotecas y los aztecas. Son quizás más conocidos por sus **enigmáticas cabezas colosales**, pero su influencia se extiende mucho más allá de estas imponentes esculturas. La religión, el arte, la arquitectura y los símbolos olmecas se integraron en las culturas mesoamericanas posteriores, convirtiéndose en elementos clave de su identidad cultural. En este capítulo, exploraremos la cultura olmeca desde sus orígenes, su religión y arte, el enigma de las cabezas colosales, y su duradera influencia en las civilizaciones mesoamericanas.

Las primeras culturas mesoamericanas

La civilización olmeca fue una de las primeras culturas complejas que surgieron en Mesoamérica, desarrollándose en lo que hoy es el sur de Veracruz y el oeste de Tabasco, en las fértiles tierras bajas del Golfo de México. La ubicación geográfica de los olmecas fue clave para su éxito, ya que les permitió acceder a recursos naturales abundantes como el agua, la tierra fértil y la madera, así como establecer rutas comerciales con otras regiones.

1. Orígenes de la civilización olmeca: Los orígenes de los olmecas están envueltos en misterio. Se cree que la civilización olmeca surgió de un proceso gradual de urbanización y centralización, a medida que pequeños grupos de agricultores y cazadores se asentaron en las fértiles llanuras del Golfo. Estos asentamientos crecieron en tamaño y complejidad, y para el año 1200 a.C., los olmecas ya habían establecido grandes centros urbanos como **San Lorenzo**, considerado el primer gran centro ceremonial de los olmecas.

San Lorenzo, ubicado en una meseta natural, fue un importante centro político y religioso, y su diseño urbano indica que los olmecas poseían un alto grado de organización social y habilidad arquitectónica. Aunque su declive alrededor del año 900 a.C. es algo misterioso, fue reemplazado por otro gran centro olmeca, **La Venta**, que alcanzó su apogeo entre el 900 a.C. y el 400 a.C. La Venta se convertiría en uno de los centros ceremoniales más importantes de la civilización olmeca, conocido por sus monumentos y sus enigmáticas esculturas.

2. Los primeros avances tecnológicos y agrícolas: Los olmecas fueron pioneros en el desarrollo de tecnologías agrícolas que les permitieron sostener grandes poblaciones en sus ciudades. La agricultura olmeca estaba basada principalmente en el cultivo del maíz, frijoles y calabazas, y su éxito agrícola les permitió concentrarse en la construcción de grandes estructuras ceremoniales y obras de arte monumentales. También se dedicaron al comercio, estableciendo una red de intercambio que abarcaba gran parte de Mesoamérica, a través de la cual comerciaban jade, obsidiana, caucho y otros bienes valiosos.

El uso del **jade**, en particular, fue un rasgo distintivo de la cultura olmeca, ya que este material precioso se utilizaba en la creación de artefactos ceremoniales y en la producción de joyas.

Aunque los olmecas no vivían en regiones donde el jade estaba disponible, lo importaban a través de sus redes comerciales, lo que indica que poseían un sistema económico sofisticado y una jerarquía social que valoraba los bienes exóticos.

Religión y arte olmeca

La religión olmeca es uno de los aspectos más fascinantes y enigmáticos de su cultura. Aunque no se dispone de textos escritos que expliquen en detalle sus creencias religiosas, el arte olmeca y los monumentos sugieren que la religión jugaba un papel central en la vida olmeca y que estaba profundamente conectada con la naturaleza, los ciclos de la agricultura y el poder político.

1. El panteón olmeca: Los olmecas eran politeístas, y adoraban a una serie de deidades asociadas con elementos naturales y animales. Uno de los temas más comunes en el arte olmeca es la representación de figuras humanas con rasgos felinos, lo que ha llevado a muchos estudiosos a creer que los olmecas veneraban a una **deidad jaguar**. Este ser, conocido como el **"hombre-jaguar"**, aparece en muchas representaciones artísticas, y algunos investigadores creen que simbolizaba la unión del mundo humano con el mundo sobrenatural. Es posible que el jaguar, como depredador alfa de la región, fuera visto como un animal totémico de gran poder y simbolizara la fertilidad, la realeza o las fuerzas de la naturaleza.

Además del jaguar, los olmecas parecen haber rendido culto a dioses del agua, la fertilidad y la agricultura, ya que la supervivencia de la civilización dependía en gran medida de los recursos hídricos y de las cosechas. Las figuras sobrenaturales representadas en su arte sugieren una conexión simbólica entre los líderes olmecas y las fuerzas cósmicas, lo que indicaría que los gobernantes desempeñaban un rol sagrado, posiblemente actuando como intermediarios entre los dioses y la humanidad.

2. Simbolismo y arte ceremonial: El arte olmeca es conocido por sus símbolos altamente estilizados y su carácter monumental.

Las **figuras de jade**, las **máscaras** y las **esculturas de piedra** que han sido descubiertas en los sitios arqueológicos olmecas son testimonio de su habilidad artística y su sentido de lo sagrado. Estas obras de arte no solo eran estéticamente impresionantes, sino que también poseían un significado religioso y social.

Uno de los temas recurrentes en el arte olmeca es la **transformación**. Muchas esculturas muestran figuras híbridas, combinando características humanas con animales, como el jaguar o la serpiente. Estos seres podrían haber representado chamanes o líderes religiosos en trance, simbolizando su capacidad para moverse entre el mundo humano y el espiritual. Este simbolismo también sugiere la creencia en la metamorfosis y en el poder sobrenatural de ciertos individuos dentro de la sociedad olmeca.

Las cabezas colosales: Significado y simbolismo

Las **cabezas colosales olmecas** son, sin duda, los artefactos más famosos y enigmáticos de la civilización olmeca. Estas monumentales esculturas de piedra, que pueden pesar hasta 50 toneladas y medir más de 3 metros de altura, representan rostros humanos con expresiones severas y detalles increíblemente realistas. Se han encontrado al menos 17 cabezas colosales en sitios olmecas, principalmente en San Lorenzo y La Venta, lo que las convierte en el símbolo icónico de la cultura olmeca.

1. El proceso de creación de las cabezas colosales: El esculpido de estas cabezas gigantes requería una notable habilidad técnica y un vasto conocimiento de la ingeniería. Las cabezas fueron talladas en **bloques de basalto**, una roca volcánica que los olmecas obtenían de las montañas Tuxtlas, a más de 80 kilómetros de distancia de los principales centros urbanos. La extracción, transporte y esculpido de estos enormes bloques de piedra sugiere que los olmecas poseían un sistema social altamente organizado, con el poder necesario para movilizar grandes recursos humanos y materiales para proyectos monumentales.

El nivel de detalle en las cabezas colosales es impresionante, y cada una parece representar a un individuo diferente, lo que ha llevado a muchos estudiosos a creer que las cabezas representan a **líderes o gobernantes olmecas**. Los rasgos faciales son únicos en cada cabeza, lo que podría sugerir que eran retratos de figuras históricas o míticas importantes.

2. Simbolismo de las cabezas colosales: El significado simbólico de las cabezas colosales sigue siendo objeto de debate. Una teoría común es que las cabezas representan a los gobernantes olmecas, inmortalizados en piedra como una demostración de poder y autoridad. Las cabezas, con sus cascos y tocados, podrían haber simbolizado a los líderes que también eran considerados guerreros o figuras sagradas.

Algunos investigadores han propuesto que las cabezas colosales podrían estar relacionadas con rituales funerarios o de conmemoración. Es posible que las cabezas fueran esculpidas para honrar a los gobernantes fallecidos, sirviendo como guardianes espirituales de las ciudades olmecas o como símbolos de poder eterno.

Otro aspecto fascinante de las cabezas colosales es que sus rostros presentan rasgos faciales distintivos, que algunos estudiosos creen que podrían reflejar una **diversidad étnica** dentro de la sociedad olmeca. Las cabezas muestran características faciales que podrían representar a individuos de diferentes grupos étnicos o regionales, lo que sugiere que los olmecas podrían haber sido una sociedad multicultural.

Hipótesis sobre la influencia olmeca en culturas posteriores

A pesar de su desaparición como una entidad política alrededor del año 400 a.C., los olmecas ejercieron una influencia cultural profunda en las civilizaciones mesoamericanas posteriores. Muchos de los símbolos, prácticas religiosas, diseños arquitectónicos y expresiones artísticas olmecas continuaron siendo utilizados por los pueblos que surgieron después de ellos, lo que les ha ganado el título de **"cultura madre"** de Mesoamérica.

1. Influencia en los mayas y zapotecas: Uno de los ejemplos más claros de la influencia olmeca se encuentra en la civilización maya, que alcanzó su apogeo siglos después de la caída de los olmecas. Los estudios arqueológicos han demostrado que los **mayas** adoptaron muchos de los elementos religiosos y artísticos de los olmecas, incluidos sus **conceptos astronómicos**, su **iconografía** y sus técnicas **arquitectónicas**.

La práctica del **juego de pelota**, un importante ritual en muchas culturas mesoamericanas, tiene sus primeras evidencias en los sitios olmecas. Los mayas y otros grupos posteriores continuaron practicando este deporte, que tenía significados religiosos y políticos profundos, y que posiblemente estaba relacionado con los sacrificios rituales y la cosmología.

La cultura zapoteca, que floreció en la región de Oaxaca, también muestra influencias olmecas, especialmente en el uso de **máscaras ceremoniales**, la construcción de centros ceremoniales y el desarrollo de un sistema de escritura primitivo. Los zapotecas continuaron muchas de las prácticas religiosas y artísticas que los olmecas habían iniciado.

2. La religión mesoamericana: El legado religioso olmeca es visible en muchas culturas posteriores. El concepto del **hombre-jaguar**, una figura que aparece en el arte olmeca, continuó siendo venerado en otras culturas mesoamericanas, como los mayas y los aztecas. La idea de la **transformación chamánica** y la **metamorfosis entre humanos y animales** también se integró en las creencias religiosas de estas civilizaciones, sugiriendo que los olmecas sentaron las bases para el pensamiento espiritual mesoamericano.

3. Escritura y sistemas numéricos: Aunque los olmecas no dejaron un sistema de escritura completamente desarrollado, se cree que fueron los primeros en experimentar con formas de **escritura jeroglífica**, como lo demuestra el hallazgo de inscripciones en La Venta y San Lorenzo. Los mayas y otras culturas posteriores perfeccionaron este sistema, creando complejos **sistemas de escritura** y **numeración** que les permitieron registrar su historia, sus calendarios y sus ceremonias.

La civilización olmeca, a pesar de su desaparición, dejó una huella indeleble en la historia de Mesoamérica. Su arte monumental, su religión compleja y su organización social sirvieron de base para muchas de las culturas que los sucedieron, consolidando su lugar como una de las civilizaciones más influyentes de la región. Las **cabezas colosales**, con su imponente presencia y misterioso simbolismo, son solo una parte de un legado mucho más amplio que sigue fascinando a historiadores y arqueólogos por igual. A través de su influencia en los mayas, zapotecas y otras culturas mesoamericanas, los olmecas se aseguraron un lugar destacado en el desarrollo cultural y espiritual de una de las regiones más importantes de la historia precolombina.

CAPÍTULO 6: LOS NABATEOS Y PETRA – LA CIUDAD ESCONDIDA EN EL DESIERTO

La civilización nabatea, aunque relativamente desconocida en comparación con otras grandes culturas antiguas, dejó un legado impresionante en la historia del Oriente Medio. Los nabateos, una antigua tribu árabe, lograron construir un vasto imperio comercial que se extendía por todo el desierto árabe, y su ciudad más famosa, **Petra**, es hoy una de las maravillas arqueológicas más impresionantes del mundo. Esta civilización, que floreció entre el siglo IV a.C. y el siglo I d.C., desarrolló un sofisticado sistema de comercio que les permitió acumular una gran riqueza, y su capacidad para adaptarse a las duras condiciones del desierto es un testimonio de su ingenio y resiliencia. Sin embargo, a pesar de su prosperidad, los nabateos desaparecieron misteriosamente, dejando tras de sí preguntas sin respuesta sobre su desaparición. En este capítulo, exploraremos la riqueza comercial de los nabateos, la magnificencia de Petra, los misterios en torno a su desaparición y su perdurable legado arquitectónico.

El comercio y la riqueza de los nabateos

Uno de los factores más importantes que definió la cultura nabatea fue su éxito en el comercio. Los nabateos eran originariamente un pueblo nómada que se asentó en el desierto del sur de Jordania, el noroeste de Arabia Saudita y la península del Sinaí, una región que, en la antigüedad, era el cruce de las principales rutas comerciales del mundo antiguo. Aprovechando su ubicación estratégica entre el Mediterráneo, Arabia y Mesopotamia, los nabateos desarrollaron una red comercial que los convirtió en intermediarios esenciales en el comercio entre estas regiones.

1. Rutas comerciales y productos de lujo: El comercio nabateo se basaba principalmente en productos de lujo que eran muy valorados en el mundo antiguo, como el **incienso**, la **mirra**, el **oro**, las **especias**, los **textiles** y la **piedra preciosa**. El **incienso y la mirra**, obtenidos de la península arábiga y utilizados en rituales religiosos y funerarios en Egipto, Grecia y Roma, eran dos de los productos más importantes que transportaban. Estas rutas comerciales, conocidas como las **rutas del incienso**, pasaban por Petra, que funcionaba como un importante centro de comercio y redistribución de estos bienes.

Los nabateos también comerciaban con productos locales, como el cobre y el hierro, y actuaban como intermediarios para productos procedentes de la India, como seda, marfil y piedras preciosas, que llegaban al Mediterráneo a través de sus rutas comerciales.

2. El control de los oasis y el desierto: Uno de los secretos del éxito comercial de los nabateos fue su capacidad para controlar los **oasis** y las **rutas de caravanas** que cruzaban el desierto. Los nabateos desarrollaron avanzados sistemas de almacenamiento y distribución de agua, lo que les permitió asegurar el paso seguro de las caravanas a través del desierto, evitando la sequía y la escasez de agua. Gracias a su conocimiento experto del terreno y de las fuentes de agua, los nabateos dominaron el desierto y se convirtieron en guías esenciales para los comerciantes que cruzaban la región.

En cada oasis importante, los nabateos construían estaciones de descanso y almacenes donde las caravanas podían reabastecerse y protegerse de los peligros del desierto. Este control sobre los puntos clave de las rutas comerciales les permitió imponer **impuestos** y **tarifas** a los mercaderes, lo que contribuyó enormemente a la acumulación de su riqueza.

3. La creación de una red comercial internacional: La habilidad de los nabateos para gestionar una vasta red comercial les permitió interactuar con diversas civilizaciones, como los griegos, los romanos, los egipcios y los persas. Esta interconexión internacional hizo de Petra un centro cosmopolita, donde se hablaban múltiples lenguas y convergían distintas tradiciones culturales y artísticas. Los bienes nabateos llegaban a las ciudades de la cuenca mediterránea y hasta el sur de Arabia y el este de Asia, lo que convirtió a los nabateos en una potencia económica en la región.

El auge del comercio y la acumulación de riquezas impulsaron el desarrollo de una arquitectura monumental y sofisticada, que alcanzó su máxima expresión en la ciudad de Petra.

Petra: Una maravilla arqueológica

Petra, conocida como la "ciudad rosa del desierto", es una de las ciudades más impresionantes que ha sobrevivido de la antigüedad. Tallada directamente en la roca de arenisca roja de las montañas jordanas, Petra es una maravilla tanto por su monumentalidad como por su diseño arquitectónico. La ciudad se encuentra escondida entre montañas y es accesible a través de un estrecho cañón llamado el **Siq**, que conduce a los visitantes hacia su corazón, donde se encuentra el edificio más famoso de Petra: el **Tesoro**.

1. El Tesoro (Al-Khazneh): El **Tesoro**, conocido localmente como **Al-Khazneh**, es quizás la estructura más icónica de Petra. Tallado directamente en la roca, su fachada de 40 metros de altura es un impresionante ejemplo del dominio arquitectónico nabateo y de la influencia de las culturas extranjeras en su arte. Aunque se le llama "Tesoro", probablemente sirviera como un templo o una tumba real, más que como un almacén de riquezas. Su diseño combina elementos de la arquitectura **helenística**, como columnas corintias, frisos y esculturas que muestran la mezcla de influencias griegas, romanas y orientales que caracterizó la cultura nabatea.

2. Tumbas reales y el teatro: Además del Tesoro, Petra alberga numerosas **tumbas reales** talladas en la roca, que muestran el poder y la riqueza de las élites nabateas. Las tumbas, como la **Tumba de la Urna**, la **Tumba de la Seda** y la **Tumba del Palacio**, presentan intrincados detalles tallados en la piedra, que incluyen frisos decorativos y símbolos religiosos. Estas tumbas fueron utilizadas para enterrar a los miembros de la familia real nabatea y a otras figuras importantes de la ciudad.

Otro de los monumentos destacados de Petra es el **teatro**, que fue tallado en la roca para acomodar a más de 8,000 personas. El teatro es un testimonio de la vida cultural y pública de los nabateos, y su construcción sugiere que la ciudad no solo era un centro comercial, sino también un importante núcleo cultural y religioso.

3. El Monasterio (Ad-Deir): El **Monasterio**, conocido como **Ad-Deir**, es otra de las estructuras monumentales de Petra. Situado en lo alto de las colinas, se accede a través de una empinada escalera de más de 800 escalones tallados en la roca. El Monasterio es más grande que el Tesoro y sugiere que también tenía un propósito religioso, posiblemente como un lugar de culto para la deidad principal de los nabateos, **Dushara**. Aunque su fachada es menos decorada que la del Tesoro, su tamaño y su ubicación dominante lo convierten en uno de los edificios más impresionantes de la ciudad.

4. Ingeniosa gestión del agua: Uno de los aspectos más notables de Petra fue su **ingeniería hidráulica**. Los nabateos desarrollaron un sistema avanzado de **canales, cisternas y presas** para recolectar, almacenar y distribuir el agua en una ciudad situada en medio de un entorno desértico. Este ingenioso sistema permitía a los nabateos garantizar el suministro de agua durante todo el año, incluso en los meses más secos, lo que fue clave para el crecimiento y la prosperidad de la ciudad. Los canales y acueductos traían agua desde las montañas circundantes, llenando cisternas subterráneas que proporcionaban agua a la población, las caravanas y los jardines de la ciudad.

El misterio de su desaparición

A pesar de su prosperidad y éxito, la civilización nabatea y su ciudad capital, Petra, desaparecieron en gran medida de la historia alrededor del siglo III d.C. ¿Qué causó la desaparición de esta próspera civilización?

1. El auge de las rutas comerciales alternativas: Una de las razones más probables para el declive de Petra fue el cambio en las rutas comerciales. Con el auge del **Imperio Romano** y su expansión hacia Oriente, nuevas rutas comerciales marítimas, como la **Ruta de la Seda** y las **rutas del Mar Rojo**, comenzaron a ganar importancia. Estas rutas permitían el transporte de bienes directamente por mar desde Asia y Arabia a los puertos romanos, lo que redujo la dependencia de las caravanas terrestres y, por lo tanto, debilitó la economía nabatea.

Los romanos también construyeron nuevas ciudades comerciales en la región, como **Palmira** y **Bosra**, que compitieron con Petra y eventualmente desplazaron a la ciudad como centro comercial principal.

2. La anexión romana: En el año 106 d.C., el **emperador Trajano** anexó el Reino Nabateo al Imperio Romano, convirtiéndolo en la provincia de **Arabia Pétrea**. Aunque Petra continuó prosperando bajo el dominio romano durante un tiempo, su importancia comenzó a disminuir a medida que Roma centraba sus intereses en otras regiones. La construcción de nuevas ciudades y rutas comerciales alternativas dentro del imperio, como la **Vía Nova Trajana**, desviaron el flujo de bienes y comercio lejos de Petra, contribuyendo a su declive.

3. Desastres naturales: Otro factor que pudo haber influido en la desaparición de Petra fueron los **terremotos** que sacudieron la región. En particular, un devastador terremoto en el año 363 d.C. causó graves daños a la ciudad, destruyendo gran parte de su infraestructura hidráulica y edificios. Aunque algunos habitantes permanecieron en la ciudad después del terremoto, Petra nunca recuperó su antigua gloria, y para el siglo VII d.C., gran parte de la ciudad había sido abandonada.

4. La islamización de la región: Con la llegada del Islam en el siglo VII d.C., la región en la que se encontraba Petra comenzó a cambiar política y culturalmente. Nuevos centros de poder surgieron en otras partes del mundo árabe, como **Damasco** y **Bagdad**, lo que disminuyó aún más la importancia de Petra. Aunque la ciudad continuó siendo visitada por pastores y viajeros ocasionales, fue en gran medida olvidada por el mundo exterior hasta su redescubrimiento en el siglo XIX.

El legado arquitectónico de los nabateos

A pesar de su desaparición, el legado de los nabateos ha perdurado, especialmente en su arquitectura, que combina elementos locales y foráneos de una manera única. La influencia nabatea puede rastrearse no solo en Petra, sino también en otros sitios del Oriente Medio y más allá.

1. Fusión de estilos arquitectónicos: Una de las características más notables de la arquitectura nabatea es su capacidad para **fusionar elementos arquitectónicos** de diferentes culturas. En Petra, por ejemplo, se pueden ver influencias **helenísticas**, **romanas**, **egipcias** y **mesopotámicas** mezcladas con tradiciones locales árabes. Esta fusión de estilos se refleja en los diseños de los templos, tumbas y palacios de Petra, que incorporan columnas corintias y capiteles griegos junto con formas y símbolos nabateos tradicionales.

Los nabateos no solo adaptaron estilos arquitectónicos extranjeros, sino que también perfeccionaron el arte de tallar monumentos directamente en la roca, creando estructuras de gran belleza y resistencia que han sobrevivido al paso de los siglos.

2. La influencia en la arquitectura romana y bizantina: A medida que los nabateos fueron absorbidos por el Imperio Romano, su influencia se extendió a otras partes del mundo romano y bizantino. Los romanos adoptaron algunas de las técnicas hidráulicas de los nabateos, y la disposición urbana de Petra, con sus calles, plazas y edificios públicos, fue un modelo para otras ciudades en las provincias orientales del imperio.

Incluso después de la desaparición del reino nabateo, la **arquitectura troglodita** (construcciones talladas en roca) inspiró a otras culturas, incluyendo a los bizantinos, que construyeron iglesias y monasterios en la región de Petra, reutilizando algunas de las estructuras nabateas para fines religiosos.

3. Impacto en la cultura árabe posterior: El legado cultural de los nabateos también se puede ver en la cultura árabe posterior. Los nabateos fueron uno de los primeros pueblos árabes en establecer un reino poderoso, y su influencia puede rastrearse en la lengua y la cultura de las civilizaciones árabes que surgieron después. De hecho, la lengua nabatea, un dialecto arameo, fue uno de los precursores del árabe moderno.

Los nabateos, a pesar de su desaparición, dejaron una huella indeleble en la historia de la arquitectura y el comercio en el mundo antiguo. **Petra**, con su impresionante belleza y su misteriosa historia, sigue siendo un símbolo del ingenio y la resiliencia de esta civilización olvidada. Aunque las rutas comerciales cambiaron y los terremotos devastaron su infraestructura, el legado arquitectónico y cultural de los nabateos ha perdurado, fascinando a generaciones de arqueólogos, historiadores y visitantes de todo el mundo. **Petra**, la ciudad escondida en el desierto, no solo es un testimonio de su grandeza, sino también un recordatorio de cómo incluso las civilizaciones más avanzadas pueden desaparecer, dejando atrás preguntas sin respuesta y maravillas para descubrir.

CAPÍTULO 7: LOS CELTAS – CULTURA Y MISTERIOS EN EL CORAZÓN DE EUROPA

Los celtas, una de las civilizaciones más enigmáticas y multifacéticas de Europa, han dejado una huella indeleble en la historia, la cultura y el imaginario colectivo del continente. Extendiéndose desde las islas británicas hasta la península ibérica, y desde el centro de Europa hasta Anatolia, los celtas fueron una civilización diversa y rica en mitología, religiones misteriosas y tradiciones orales. A pesar de su vasta expansión y sus logros culturales, los celtas nunca llegaron a formar un imperio unificado y, con el tiempo, fueron desplazados por otras fuerzas dominantes, como los romanos y los germanos. Sin embargo, su legado perdura en las tradiciones, el arte y la cultura de Europa. En este capítulo, exploraremos su religión y mitología, los misteriosos sitios rituales asociados con ellos, su legado en la Europa moderna, y las razones detrás de su desaparición como una fuerza dominante.

Religión, mitología y druidas

La religión celta era profundamente espiritual y estaba conectada con la naturaleza, el ciclo de las estaciones y los elementos del paisaje. A diferencia de muchas otras civilizaciones de la antigüedad, los celtas no dejaron textos escritos de su religión o mitología, ya que sus tradiciones eran transmitidas oralmente por una casta sacerdotal conocida como los **druidas**. Esta ausencia de registros escritos ha hecho que la religión celta sea difícil de comprender en su totalidad, pero las fuentes romanas y griegas, así como las tradiciones folklóricas posteriores, nos han permitido vislumbrar algunos de los aspectos clave de su cosmovisión.

1. Los dioses celtas: El panteón celta estaba compuesto por una multitud de dioses y diosas, cada uno asociado con elementos específicos de la naturaleza, como el cielo, los ríos, los bosques y la guerra. Entre los dioses más destacados se encontraba **Lugh**, dios de la luz, la artesanía y la guerra, y **Dagda**, una figura paternal que poseía un caldero mágico con la capacidad de alimentar a un número ilimitado de personas. La diosa **Brigid**, que personificaba el fuego, la poesía y la curación, también era una figura venerada en toda la tradición celta y fue incorporada en la cristianización de Irlanda como Santa Brígida.

Los celtas creían que los dioses estaban presentes en los ríos, árboles y colinas, y por ello, muchos de sus lugares sagrados eran sitios naturales. Estos espacios de culto no eran templos como los de otras culturas, sino áreas al aire libre, generalmente cerca de cuerpos de agua o en bosques sagrados, donde los celtas realizaban ofrendas y sacrificios. Se sabe que los celtas practicaban **sacrificios humanos y animales**, aunque las fuentes romanas exageraron estos aspectos con fines propagandísticos. Los sacrificios eran realizados en rituales importantes para asegurar la fertilidad de la tierra, el éxito en la batalla o la protección de la tribu.

2. Los druidas: Los **druidas** eran los guardianes del conocimiento celta y desempeñaban un papel central en la sociedad, no solo como sacerdotes, sino también como jueces, médicos, consejeros y poetas. La formación de un druida era extremadamente rigurosa y podía llevar hasta 20 años, ya que todo el conocimiento religioso, legal y mitológico debía ser memorizado. Este énfasis en la tradición oral hizo que la religión celta permaneciera fuera del alcance de los extranjeros y ha contribuido al halo de misterio que rodea a los druidas.

Además de su función sacerdotal, los druidas también presidían ceremonias importantes relacionadas con el cambio de las estaciones. Uno de los festivales más conocidos de la tradición celta era el **Samhain**, celebrado el 1 de noviembre, que marcaba el fin de la temporada de cosechas y el inicio del invierno. Samhain era considerado un momento en el que los límites entre el mundo de los vivos y los muertos se desdibujaban, lo que permitía la comunicación con los espíritus ancestrales. Este festival ha perdurado en la cultura moderna como **Halloween**, una transformación cristianizada de las antiguas creencias celtas sobre el más allá.

3. El Más Allá celta: Los celtas creían en una vida después de la muerte, pero, a diferencia de las visiones cristianas posteriores, el Más Allá celta no era un lugar de recompensa o castigo moral. Era un reino espiritual conocido como el **Otro Mundo** o **Tír na nÓg** en la mitología irlandesa, donde los muertos vivían en una tierra de eterna juventud, fertilidad y abundancia. Los celtas no temían la muerte, ya que la veían como una transición a esta otra dimensión, y es por eso que a menudo enterraban a sus muertos con objetos de valor y armas, que creían que podrían necesitar en el Más Allá.

Stonehenge y otros sitios rituales

Uno de los elementos más intrigantes de la cultura celta es su conexión con los antiguos sitios rituales que siguen siendo un misterio para los arqueólogos. Aunque algunos de estos monumentos, como **Stonehenge**, se construyeron antes de la llegada de los celtas a las islas británicas, los celtas continuaron utilizando estos lugares sagrados para sus ceremonias y rituales.

1. Stonehenge: Stonehenge, ubicado en el sur de Inglaterra, es uno de los monumentos prehistóricos más icónicos del mundo. Compuesto por enormes piedras dispuestas en un círculo, se cree que Stonehenge tenía un propósito astronómico, funcionando como un calendario solar que marcaba el solsticio de verano y de invierno. Aunque Stonehenge fue construido por una cultura anterior a los celtas (durante el Neolítico, alrededor del 3000 a.C.), los celtas continuaron utilizando el sitio como un lugar de culto.

Los **druidas** modernos, que reivindican una conexión espiritual con los antiguos celtas, celebran ceremonias en Stonehenge durante los solsticios, aunque no está claro hasta qué punto los druidas celtas originales habrían utilizado el sitio. Sin embargo, la importancia que los celtas atribuían a las piedras, los círculos y los alineamientos astronómicos en su religión sugiere que Stonehenge era un lugar de gran significado ritual para ellos.

2. Otros sitios rituales: Además de Stonehenge, los celtas utilizaron otros sitios rituales, como los **cromlech**, que son círculos de piedras más pequeños repartidos por las islas británicas, Irlanda y Europa continental. Estos sitios eran a menudo lugares donde se celebraban festivales estacionales y se realizaban ofrendas a los dioses. Las **colinas sagradas** y los **bosques** también desempeñaban un papel importante en la religión celta. Lugares como la **colina de Tara** en Irlanda y la **isla de Anglesey** en Gales eran considerados centros de poder espiritual, donde los druidas y líderes tribales realizaban ceremonias para conectar con las fuerzas de la naturaleza y los espíritus ancestrales.

La naturaleza cíclica del tiempo y el respeto por el paisaje sagrado fueron aspectos fundamentales de la religión celta, lo que se refleja en la elección de estos lugares para la veneración y el culto. Los celtas creían que ciertos lugares en la tierra estaban imbuidos de una energía divina, y sus rituales tenían como objetivo mantener el equilibrio entre los humanos y el mundo natural.

El legado celta en la Europa moderna

Aunque los celtas como cultura unificada fueron desplazados por los romanos y otros invasores, su legado cultural sigue siendo fuerte en muchas partes de Europa, especialmente en las islas británicas, Irlanda, Francia y España. Desde el arte y la música hasta las tradiciones folklóricas, los elementos de la cultura celta han perdurado a través de los siglos y continúan influyendo en la identidad cultural de estas regiones.

1. Idiomas celtas: Uno de los legados más evidentes de los celtas en Europa es la persistencia de las **lenguas celtas**, como el irlandés, el galés, el bretón y el gaélico escocés. Aunque estas lenguas han sido marginadas por los idiomas dominantes, como el inglés y el francés, en las últimas décadas ha habido un renacimiento del interés por las lenguas celtas, con iniciativas para preservarlas y revivirlas como parte importante del patrimonio cultural de Europa.

2. Arte y simbolismo celta: El arte celta es otro de los legados duraderos de esta civilización. Los celtas eran conocidos por sus intrincados diseños, que incluían **espirales**, **nudos** y **triskelions** (símbolos de tres brazos). Estos motivos decoraban objetos cotidianos, armas, joyas y monumentos funerarios, y a menudo tenían un significado espiritual o cosmológico. Los patrones de nudos celtas, que no tienen principio ni fin, simbolizaban la eternidad y el ciclo de la vida, y siguen siendo utilizados en el arte moderno, especialmente en las culturas irlandesa y escocesa.

La **cruz celta**, que combina el círculo y la cruz, es un símbolo que fue adoptado por el cristianismo celta y sigue siendo un ícono importante en las iglesias de Irlanda y Escocia. Este sincretismo entre la religión celta y el cristianismo permitió que muchos elementos de la tradición celta sobrevivieran a lo largo de los siglos, integrándose en la nueva religión dominante.

3. Celebraciones y festivales: Muchos de los festivales tradicionales celtas, como **Samhain** (Halloween), **Imbolc** (fiesta de la fertilidad), **Beltane** (celebración de la primavera) y **Lughnasa** (festival de la cosecha), han sido transformados y absorbidos por las festividades cristianas, pero sus raíces paganas siguen siendo evidentes. Estas celebraciones siguen siendo importantes en las regiones de influencia celta y se celebran como parte del renacimiento cultural de las tradiciones celtas.

El enigma de su desaparición como fuerza dominante

A pesar de su vasta expansión y su influencia cultural, los celtas nunca formaron un imperio centralizado, y esto, junto con otros factores, contribuyó a su eventual desaparición como una fuerza dominante en Europa. La caída de los celtas fue un proceso complejo que se desarrolló a lo largo de varios siglos y que tuvo múltiples causas.

1. Falta de unidad política: Uno de los factores clave en la desaparición de los celtas fue su falta de **unidad política**. A diferencia de los romanos o los griegos, los celtas no establecieron un imperio centralizado ni un sistema de gobierno unificado. En lugar de ello, vivían en tribus independientes, que a menudo competían entre sí por el control de territorios y recursos. Esta fragmentación interna los hizo vulnerables a las invasiones de pueblos más organizados y militarmente superiores, como los romanos.

Los romanos, bajo el mando de Julio César, comenzaron su conquista de la Galia (actual Francia y Bélgica) en el siglo I a.C., y para el año 52 a.C., el líder galo **Vercingétorix** fue derrotado, marcando el fin de la independencia celta en gran parte de Europa occidental. Aunque algunas regiones celtas, como Irlanda y Escocia, escaparon al control directo de Roma, la civilización celta nunca recuperó su antigua cohesión o influencia.

2. Romanización y asimilación: La **romanización** fue otro factor importante en la desaparición de los celtas como una fuerza dominante. A medida que los romanos conquistaban las tierras celtas, impusieron su idioma, leyes, costumbres y religión. Las ciudades romanas, las carreteras y las estructuras políticas reemplazaron las formas de vida tradicionales celtas, y muchas de las élites celtas se asimilaron a la cultura romana.

Con el tiempo, la identidad celta se fue diluyendo, y la cultura romana dominó el paisaje europeo.

Sin embargo, en algunas regiones, como Bretaña (Francia), Galicia (España) e Irlanda, los celtas lograron preservar aspectos de su cultura, y estas áreas se convirtieron en focos de resistencia cultural frente a la dominación romana.

3. **Invasiones germanas y escandinavas:** Además de la conquista romana, las invasiones de los **pueblos germánicos** y más tarde de los **vikingos** contribuyeron a la desaparición de los celtas como una fuerza dominante. Durante las migraciones germánicas del siglo IV al VI d.C., tribus como los francos, los anglos y los sajones ocuparon muchas de las tierras celtas, desplazando a las poblaciones nativas y estableciendo sus propios reinos.

En el caso de Irlanda y Escocia, las incursiones vikingas en los siglos IX y X también debilitaron las estructuras políticas celtas, aunque las tradiciones culturales lograron sobrevivir en estas regiones.

A pesar de su desaparición como fuerza política dominante, los celtas dejaron un legado cultural duradero que sigue siendo evidente en muchas partes de Europa. Desde el arte y la mitología hasta los idiomas y las festividades, los celtas han dejado una marca profunda en la historia del continente, y su influencia sigue viva en la Europa moderna. Aunque el enigma de su desaparición política plantea muchas preguntas, su legado cultural demuestra que, aunque una civilización pueda desaparecer del escenario político, sus contribuciones a la humanidad pueden perdurar a lo largo de los siglos.

CAPÍTULO 8: LA ISLA DE PASCUA – LOS MOÁIS Y EL FIN DE UNA CIVILIZACIÓN

La Isla de Pascua, o **Rapa Nui**, es una de las islas más aisladas del planeta y se encuentra en medio del vasto Océano Pacífico. A pesar de su lejanía, esta pequeña isla es el hogar de una de las culturas más enigmáticas y fascinantes del mundo antiguo, conocida por sus monumentales **moáis**, las misteriosas estatuas de piedra que se alzan en su paisaje. La civilización Rapa Nui que habitó esta isla experimentó un auge cultural y arquitectónico sin precedentes, seguido por un colapso catastrófico que ha sido objeto de intensas investigaciones y teorías. En este capítulo, exploraremos los misterios que rodean la construcción y transporte de los moáis, el impacto del agotamiento de los recursos naturales en la caída demográfica, las teorías sobre la desaparición de la sociedad Rapa Nui, y el legado cultural que ha perdurado a lo largo del tiempo.

Los moáis: Misterios de la construcción y transporte

Los **moáis** son, sin duda, el símbolo más representativo de la civilización Rapa Nui y una de las mayores incógnitas de la arqueología mundial. Estas estatuas, que pueden medir hasta 10 metros de altura y pesar más de 80 toneladas, fueron talladas en piedra volcánica y colocadas en plataformas ceremoniales llamadas **ahus** a lo largo de las costas de la isla. Lo que hace que estas esculturas sean tan fascinantes no solo es su tamaño y su enigmático propósito, sino también los desafíos técnicos que los antiguos rapanui enfrentaron para construir y transportar estos colosos por una isla que carecía de recursos materiales avanzados.

1. La creación de los moáis: La mayoría de los moáis fueron esculpidos en **toba volcánica**, una roca relativamente blanda y maleable, extraída del volcán **Rano Raraku**, que se convirtió en la cantera principal de estas estatuas. En esta cantera aún se pueden ver más de 400 moáis incompletos o en proceso de ser transportados. Los escultores rapanui, utilizando herramientas de piedra, trabajaban durante meses o años para dar forma a estas estatuas, las cuales representaban los rostros de antepasados de alto estatus o figuras de liderazgo. Se cree que los moáis eran más que simples monumentos funerarios; encarnaban un vínculo entre los vivos y los muertos, y aseguraban la protección espiritual de la comunidad.

Cada moái poseía características distintivas, aunque todos compartían rasgos similares: cabezas grandes, rostros alargados y orejas largas. Algunos también tenían encima de sus cabezas un **pukao**, un cilindro de piedra roja que podría haber representado un tocado o cabello estilizado, sugiriendo estatus y autoridad.

2. El misterio del transporte de los moáis: Una de las mayores incógnitas en torno a los moáis es cómo los antiguos rapanui lograron transportar estas enormes estatuas desde la cantera en Rano Raraku hasta las plataformas ceremoniales a lo largo de la isla, muchas veces a distancias de hasta 20 kilómetros. Durante mucho tiempo, los arqueólogos especularon que los moáis fueron transportados utilizando trineos de madera o rodillos, pero esto planteaba otro problema: la Isla de Pascua es notoriamente pobre en árboles y madera.

En las últimas décadas, algunos investigadores han propuesto una nueva teoría basada en las tradiciones orales de los rapanui, que afirman que los moáis "caminaban". Según esta teoría, los moáis fueron movidos en posición vertical, balanceados de lado a lado con cuerdas, lo que habría permitido que un equipo pequeño de personas transportara las estatuas sin necesidad de grandes cantidades de madera. Esta hipótesis ha sido probada en experimentos arqueológicos recientes, logrando mover réplicas de moáis utilizando solo un equipo de personas y cuerdas, lo que sugiere que esta técnica podría haber sido una solución ingeniosa al desafío del transporte.

3. Ahus y alineamientos ceremoniales: Una vez que los moáis llegaban a su destino, eran colocados en grandes plataformas ceremoniales llamadas **ahus**, que estaban orientadas hacia el interior de la isla, simbolizando la protección de los antepasados hacia su pueblo. Estos ahus no solo eran lugares de culto, sino también sitios donde se celebraban rituales en honor a los antepasados, reforzando la identidad y la cohesión social de la comunidad rapanui.

La alineación de los moáis también tenía un significado cosmológico y ritual. Muchas de las estatuas estaban orientadas hacia eventos astronómicos clave, como el solsticio de invierno, lo que indica que la civilización Rapa Nui tenía un conocimiento avanzado de los ciclos celestiales y su relación con la agricultura y la vida social.

El ecosistema de la isla y el colapso demográfico

El entorno de la Isla de Pascua jugó un papel crucial en el auge y la eventual caída de la civilización Rapa Nui. A pesar de su aislamiento y de sus limitados recursos naturales, los rapanui lograron construir una sociedad compleja y próspera durante varios siglos. Sin embargo, su éxito inicial fue seguido por un dramático colapso ecológico y demográfico que ha sido objeto de gran debate entre los investigadores.

1. La deforestación y la degradación del ecosistema: En su apogeo, la Isla de Pascua probablemente estaba cubierta por bosques, incluidos grandes **palmares** que los antiguos rapanui talaron para obtener madera y crear tierras de cultivo. La madera era necesaria para la construcción de viviendas, canoas, y posiblemente para el transporte de los moáis. Sin embargo, la tala intensiva de árboles condujo a una rápida **deforestación** de la isla, lo que tuvo efectos devastadores en su ecosistema. Al perder sus bosques, la tierra se volvió más vulnerable a la erosión, reduciendo la fertilidad del suelo y afectando gravemente la capacidad de la isla para sustentar a su población.

A medida que los bosques desaparecían, los rapanui también perdieron su principal fuente de madera para la construcción de canoas, lo que les dificultó la pesca en alta mar. La combinación de estos factores redujo significativamente la disponibilidad de alimentos, lo que contribuyó a un **colapso demográfico**.

2. La extinción de especies y la pérdida de biodiversidad: Además de la deforestación, la introducción de **ratas polinesias** por los primeros colonos pudo haber agravado la degradación ambiental. Estas ratas se alimentaban de las semillas de los árboles, impidiendo su regeneración y acelerando la pérdida de la cubierta forestal. Con el tiempo, varias especies endémicas de plantas y animales desaparecieron de la isla, lo que afectó aún más la capacidad de los rapanui para sobrevivir en un entorno que se volvía cada vez más inhóspito.

La falta de recursos naturales llevó a una reducción en la capacidad agrícola de la isla, lo que provocó una crisis alimentaria que, según algunas teorías, condujo a la **superpoblación**, la competencia por los recursos y, finalmente, a conflictos internos.

Teorías sobre la desaparición de la sociedad Rapa Nui

La desaparición de la civilización Rapa Nui ha sido objeto de numerosos estudios y debates. Los factores que contribuyeron a su colapso son complejos y multifacéticos, y diferentes teorías intentan explicar cómo una sociedad que construyó una de las obras de arte más impresionantes del mundo antiguo pudo haber caído en la ruina.

1. Teoría del colapso ecológico: Una de las teorías más aceptadas es la de un **colapso ecológico**, propuesta por el geógrafo y antropólogo Jared Diamond en su libro *Colapso: Por qué unas sociedades perduran y otras desaparecen*. Según esta teoría, la deforestación masiva y el uso insostenible de los recursos naturales llevaron al agotamiento del ecosistema de la isla, lo que, a su vez, provocó una crisis alimentaria. La pérdida de árboles y la consecuente erosión del suelo hicieron que la agricultura se volviera menos productiva, lo que desató conflictos entre los distintos clanes de la isla, exacerbados por la falta de alimentos.

Este colapso ecológico, según Diamond, no fue el resultado de un desastre externo, sino de una mala gestión de los recursos por parte de los propios rapanui. Esta teoría sugiere que los rapanui, al invertir tanto esfuerzo en la construcción y transporte de los moáis, descuidaron la sostenibilidad de su entorno, lo que los llevó al colapso.

2. Conflicto interno y la guerra entre clanes: Otra teoría sostiene que, además de los problemas ecológicos, la sociedad Rapa Nui se vio envuelta en una **guerra civil** entre diferentes clanes o linajes. Las tradiciones orales de la isla hablan de un periodo de conflicto violento en el que los clanes rivales comenzaron a **derrumbar los moáis** de sus oponentes, una práctica que ha sido corroborada por el descubrimiento arqueológico de numerosos moáis derribados a lo largo de la isla.

Este conflicto interno podría haber sido exacerbado por la competencia por los recursos cada vez más escasos, y algunos investigadores creen que los rapanui recurrían al **canibalismo** en tiempos de extrema escasez, un fenómeno que también ha sido registrado en otras sociedades colapsadas.

3. Influencia externa y la llegada de los europeos: La llegada de los **europeos** a la Isla de Pascua en 1722 también tuvo un impacto devastador en la sociedad Rapa Nui. Los primeros exploradores trajeron enfermedades como la viruela, que diezmaron a la población local, que no tenía inmunidad a estos patógenos. Además, durante el siglo XIX, los traficantes de esclavos peruanos llevaron a cientos de rapanui a trabajar en las minas de guano, lo que redujo drásticamente la población de la isla.

La combinación de enfermedades, esclavitud y el deterioro del ecosistema contribuyó a que la civilización Rapa Nui colapsara por completo. Para el siglo XIX, la población de la isla había disminuido a unos pocos cientos de personas, y muchas de las tradiciones culturales y religiosas de los rapanui se habían perdido.

La persistencia del legado cultural

A pesar de su trágica desaparición, la civilización Rapa Nui ha dejado un legado cultural que sigue vivo en la isla y ha capturado la imaginación del mundo moderno. Los **moáis**, aunque ya no se erigen como lo hicieron en su apogeo, son un recordatorio de la grandeza y la espiritualidad de este pueblo.

1. El renacimiento de la cultura Rapa Nui: En las últimas décadas, ha habido un resurgimiento del interés en la **cultura Rapa Nui**. Los descendientes de los antiguos rapanui han comenzado a recuperar y preservar muchas de sus tradiciones, incluyendo el idioma rapanui, las danzas tradicionales, las canciones y las artesanías. La **Polinesia Francesa** y **Chile**, que ejerce soberanía sobre la isla desde finales del siglo XIX, han apoyado estos esfuerzos de revitalización cultural.

Las excavaciones arqueológicas en la isla también han arrojado nueva luz sobre la historia de los moáis y los antiguos métodos de construcción, lo que ha permitido a los rapanui modernos reconectar con el legado de sus antepasados. El Parque Nacional Rapa Nui, que incluye la cantera de Rano Raraku y muchos de los ahus, ha sido declarado **Patrimonio de la Humanidad** por la UNESCO, lo que asegura la preservación de estos sitios para las generaciones futuras.

2. La influencia de la Isla de Pascua en la cultura global: El misterio de los moáis y la desaparición de la civilización Rapa Nui han fascinado a generaciones de exploradores, arqueólogos y viajeros. La imagen de los moáis ha sido utilizada en innumerables obras de arte, literatura y cine, y la isla se ha convertido en un símbolo de la fragilidad de las civilizaciones frente a los desafíos ambientales.

En un contexto más amplio, la historia de la Isla de Pascua también ha sido interpretada como una advertencia para las sociedades modernas sobre los peligros de la **sobreexplotación de recursos** y el **desequilibrio ecológico**. Los estudios sobre el colapso de los rapanui han generado importantes discusiones sobre la sostenibilidad y el impacto humano en el medio ambiente.

La historia de la Isla de Pascua y sus **moáis** es una de las más enigmáticas de la historia de la humanidad. Aunque muchas preguntas sobre la civilización Rapa Nui y su colapso permanecen sin respuesta, su legado cultural sigue vivo, tanto en la isla como en la conciencia global. Los moáis, que una vez fueron símbolos de poder y espiritualidad, continúan siendo una fuente de asombro y admiración, un recordatorio de la capacidad humana para crear, pero también de nuestra vulnerabilidad frente a las fuerzas de la naturaleza.

CAPÍTULO 9: LOS ANASAZI – LOS ARQUITECTOS DEL DESIERTO AMERICANO

Los **Anasazi**, o los antiguos pueblos **Pueblo**, como también se les conoce, fueron una de las civilizaciones más enigmáticas y avanzadas del suroeste de los Estados Unidos. Florecieron entre el año 200 d.C. y el 1300 d.C., y dejaron un legado impresionante de ciudades construidas en acantilados, sistemas agrícolas avanzados y arte rupestre que sigue fascinando a arqueólogos e historiadores. Sus ciudades en los acantilados, conocidas como **Cliff Dwellings**, son algunos de los ejemplos más sorprendentes de la arquitectura precolombina en América del Norte. Sin embargo, a pesar de su notable éxito en un entorno desértico hostil, los Anasazi desaparecieron misteriosamente hacia el siglo XIV, lo que ha llevado a intensas investigaciones sobre las causas de su colapso. En este capítulo, exploraremos la grandeza arquitectónica de los Anasazi, las teorías sobre su desaparición, sus interacciones con otras culturas indígenas y los esfuerzos modernos por preservar sus vestigios arqueológicos.

Cliff Dwellings: Las impresionantes ciudades en acantilados

Uno de los logros más destacados de la civilización Anasazi fue su capacidad para construir **Cliff Dwellings** o **viviendas en los acantilados**, estructuras impresionantes talladas directamente en las paredes rocosas de cañones y montañas en lo que hoy son los estados de Colorado, Nuevo México, Arizona y Utah. Estas ciudades en los acantilados no solo proporcionaban refugio y protección natural contra los elementos y los ataques, sino que también reflejaban el ingenio arquitectónico y la adaptación a su entorno hostil.

1. Arquitectura y diseño de las Cliff Dwellings: Las **Cliff Dwellings** más conocidas se encuentran en **Mesa Verde**, en el suroeste de Colorado, y en **Cañón del Chaco**, en Nuevo México. Estas impresionantes estructuras fueron construidas utilizando ladrillos de piedra y adobe, y están situadas en las paredes empinadas de los acantilados, lo que les proporcionaba una vista panorámica del valle y, a su vez, las hacía casi inaccesibles para posibles invasores.

Las viviendas en los acantilados eran comunidades densamente organizadas que podían albergar a cientos de personas. Se construían en varios niveles y estaban interconectadas por escaleras talladas en la roca, lo que permitía el acceso a las distintas áreas habitacionales y a los espacios comunes. Algunas de las estructuras más grandes, como el **Cliff Palace** en Mesa Verde, contenían más de 150 habitaciones y múltiples **kivas**, que eran estructuras circulares subterráneas utilizadas para ceremonias religiosas y reuniones comunitarias. Los kivas eran fundamentales en la vida espiritual y social de los Anasazi, y su diseño único con techos de madera y entradas desde arriba demuestra el avance técnico de la civilización.

La ubicación de estas viviendas ofrecía numerosas ventajas. En primer lugar, la orientación hacia el sur de muchas de estas estructuras ayudaba a capturar el calor solar durante el invierno, mientras que en verano, las sombras del acantilado proporcionaban un refugio fresco. Además, al estar ubicadas en lo alto de los acantilados, estas ciudades estaban relativamente protegidas de ataques, lo que hacía más fácil la defensa de la comunidad en tiempos de conflicto.

2. Sistemas de almacenamiento y agricultura: Aunque los acantilados proporcionaban seguridad, los Anasazi dependían en gran medida de la agricultura para su supervivencia. Cultivaban maíz, frijoles, calabazas y otras plantas utilizando **terrazas agrícolas** construidas en las laderas y sistemas de riego para aprovechar al máximo el agua en un entorno árido. Los Anasazi desarrollaron complejas redes de canales y presas para almacenar agua durante las temporadas secas y asegurarse de que sus cultivos pudieran prosperar.

Los graneros, también tallados en los acantilados o construidos en las aldeas, se utilizaban para almacenar grandes cantidades de maíz y otros productos. Estas estructuras estaban diseñadas para mantener el grano seco y protegido de los roedores y otros depredadores, lo que permitía a los Anasazi almacenar excedentes para los tiempos de escasez. Este nivel de organización y planificación era fundamental para la supervivencia de una civilización que habitaba en una de las regiones más áridas de América del Norte.

3. Complejidad social y espiritual: Los Anasazi no solo eran arquitectos e ingenieros expertos, sino que también desarrollaron una sociedad compleja con una rica vida espiritual. Las **kivas** eran los centros religiosos de las comunidades Anasazi, donde se llevaban a cabo rituales y ceremonias relacionados con el ciclo agrícola, las estaciones y las fuerzas sobrenaturales. Los Anasazi creían en una conexión profunda entre el ser humano y la naturaleza, y su cosmología reflejaba la importancia del sol, la tierra y el agua en la vida cotidiana.

Las ceremonias religiosas estaban dirigidas por líderes espirituales que probablemente desempeñaban un papel crucial en la toma de decisiones políticas y sociales. La religión y la espiritualidad no solo unían a la comunidad, sino que también legitimaban las jerarquías sociales y políticas dentro de la sociedad Anasazi.

La desaparición de los Anasazi: Cambios climáticos y conflictos

A pesar de su éxito y adaptación al entorno árido, los Anasazi experimentaron un colapso dramático hacia finales del siglo XIII. Las ciudades en los acantilados fueron abandonadas abruptamente, y la población Anasazi se dispersó por la región. El destino final de esta civilización sigue siendo un enigma, y los investigadores han propuesto varias teorías sobre las razones de su desaparición.

1. Cambios climáticos: Una de las teorías más aceptadas es que un cambio climático significativo, en particular una **sequía prolongada**, afectó gravemente la capacidad de los Anasazi para cultivar alimentos y mantener sus comunidades. Estudios paleoclimáticos han demostrado que entre el año 1275 y el 1300 d.C., el suroeste de los Estados Unidos experimentó una sequía extrema, lo que redujo drásticamente las fuentes de agua disponibles para la agricultura. Sin suficiente agua para sustentar sus cultivos, los Anasazi habrían enfrentado una crisis alimentaria que llevó a la migración masiva y al abandono de sus ciudades.

Además de la sequía, el agotamiento de los recursos naturales, como la madera utilizada para la construcción de viviendas y la fabricación de herramientas, pudo haber exacerbado la situación. La deforestación y la erosión del suelo resultante habrían hecho que la agricultura fuera aún más difícil, contribuyendo a la decadencia de la civilización.

2. Conflictos internos y externos: Además de los factores ambientales, también hay evidencia de que los Anasazi enfrentaron **conflictos internos y externos** en los últimos años de su civilización. Algunos arqueólogos han encontrado señales de violencia en forma de fortificaciones y refugios defensivos construidos en los últimos años de ocupación, lo que sugiere que los conflictos entre diferentes grupos de Anasazi o con culturas vecinas pudieron haber sido comunes.

La creciente competencia por los recursos en tiempos de escasez, como el agua y la tierra cultivable, pudo haber desencadenado luchas por el poder y el territorio. Las sociedades indígenas que habitaban en regiones cercanas, como los **navajos** y los **apaches**, también comenzaron a migrar hacia el suroeste durante esta época, lo que pudo haber llevado a tensiones y conflictos adicionales entre los pueblos.

3. **Migraciones y transformación cultural:** En lugar de desaparecer por completo, algunos investigadores sugieren que los Anasazi simplemente **migraron** hacia otras regiones, fusionándose con otras culturas indígenas, como los **Pueblo** modernos. Estas migraciones habrían permitido a los Anasazi sobrevivir, pero su cultura original habría sido transformada a medida que se mezclaban con otros grupos.

Este proceso de migración y asimilación podría explicar por qué algunos elementos de la cultura Anasazi, como las técnicas agrícolas y la arquitectura, continúan siendo evidentes en las comunidades Pueblo modernas, como los **Hopi**, **Zuni** y **Acoma**.

Relaciones con otras culturas indígenas americanas

Los Anasazi no existieron en aislamiento; mantuvieron **relaciones comerciales y culturales** con otras civilizaciones indígenas de América del Norte, lo que contribuyó a su desarrollo y expansión. Estas interacciones ayudaron a los Anasazi a obtener recursos que no estaban disponibles en su entorno desértico y a influir en otras culturas indígenas de la región.

1. **El comercio a larga distancia:** Los Anasazi formaban parte de una vasta red comercial que conectaba el suroeste de los Estados Unidos con otras regiones de América del Norte y Mesoamérica. A través de esta red, los Anasazi intercambiaban bienes como **turquesa, cerámica** y **cobre**. La turquesa, en particular, era un bien muy valorado por los Anasazi y fue encontrada en muchos sitios arqueológicos a lo largo de la región. Esta piedra preciosa

era utilizada en la creación de joyas y artefactos ceremoniales y también se intercambiaba con culturas mesoamericanas, como los **mexicas** (aztecas) y los **toltecas**.

Los Anasazi también importaban **plumas de aves exóticas**, **conchas marinas** y otros materiales preciosos desde áreas tan lejanas como la costa del Pacífico y el Golfo de México. Estas relaciones comerciales no solo proporcionaban recursos materiales, sino que también fomentaban el intercambio de ideas y tecnologías entre los distintos pueblos indígenas.

2. Influencia cultural y tecnológica: La civilización Anasazi influyó en otras culturas indígenas del suroeste, como los **Hohokam** y los **Mogollón**. Los Anasazi y estas culturas compartían técnicas agrícolas avanzadas, como el uso de canales de riego y terrazas, que permitían cultivar en regiones áridas. Además, las tradiciones arquitectónicas de los Anasazi, especialmente el uso de piedra y adobe en la construcción de viviendas, se extendieron a otras áreas.

En términos espirituales, las ceremonias y creencias religiosas de los Anasazi también influyeron en otras culturas. Las **kivas** ceremoniales y los rituales relacionados con la fertilidad, el sol y el agua fueron adoptados por otros grupos, lo que muestra la importancia de los Anasazi en la vida cultural del suroeste precolombino.

Vestigios arqueológicos y su conservación

Los restos arqueológicos de la civilización Anasazi son de una importancia monumental para la comprensión de las culturas indígenas del suroeste de los Estados Unidos y para el patrimonio cultural de América del Norte. Durante siglos, sus sitios arqueológicos han sido objeto de exploración, excavación y conservación, y algunos de ellos han sido declarados **Patrimonio de la Humanidad** por la UNESCO, lo que ha ayudado a preservar su legado.

1. Mesa Verde y Chaco Canyon: Mesa Verde y Chaco Canyon

son dos de los sitios arqueológicos más importantes y mejor conservados de la civilización Anasazi. En **Mesa Verde**, se pueden ver impresionantes ejemplos de las **Cliff Dwellings**, mientras que en **Chaco Canyon**, las ruinas de grandes edificios ceremoniales y residenciales, conocidos como **Great Houses**, muestran la sofisticación y el alcance de esta civilización.

Chaco Canyon, en particular, es notable por su planificación urbana y su alineación astronómica. Los edificios principales de Chaco, como **Pueblo Bonito**, estaban alineados con los solsticios y equinoccios, lo que sugiere que los Anasazi poseían un profundo conocimiento de la astronomía y utilizaban este conocimiento en su vida religiosa y agrícola.

2. Esfuerzos de conservación: La conservación de los sitios arqueológicos Anasazi ha sido una prioridad para los gobiernos locales, nacionales y las comunidades indígenas. Los parques nacionales y las reservas, como el **Parque Nacional Mesa Verde** y el **Parque Histórico Nacional de la Cultura Chaco**, se esfuerzan por proteger estas ruinas de la erosión, el vandalismo y otros peligros ambientales.

Además, las tribus modernas de los pueblos **Pueblo**, que consideran a los Anasazi como sus antepasados, han desempeñado un papel activo en la preservación y protección de estos sitios. La colaboración entre arqueólogos, conservacionistas y las comunidades indígenas ha sido clave para asegurar que el legado de los Anasazi se mantenga vivo y accesible para las futuras generaciones.

La civilización Anasazi, conocida como los **arquitectos del desierto**, dejó un legado impresionante de logros arquitectónicos, sistemas agrícolas avanzados y una rica vida espiritual que sigue fascinando a los investigadores modernos. Aunque desaparecieron misteriosamente hace siglos, sus Cliff Dwellings y vestigios arqueológicos continúan siendo testigos de su grandeza y resistencia en un entorno desértico hostil.

CAPÍTULO 10: LOS FENICIOS – LOS MAESTROS DEL COMERCIO Y NAVEGACIÓN

Los fenicios, una de las civilizaciones más influyentes y enigmáticas del mundo antiguo, se destacaron por su extraordinaria habilidad para el comercio y la navegación. Aunque nunca formaron un imperio militar unificado, los fenicios expandieron su influencia a lo largo de todo el Mediterráneo mediante sus redes comerciales, el establecimiento de colonias y su destreza en la construcción naval. Sus logros en estos campos les permitieron convertirse en los principales intermediarios entre Oriente y Occidente, facilitando el intercambio de bienes, cultura y tecnología entre civilizaciones tan diversas como los egipcios, los griegos y los pueblos del norte de África. En este capítulo, analizaremos el papel de los fenicios en la expansión del comercio mediterráneo, el auge y caída de su ciudad más famosa, Cartago, su influencia en la navegación y el comercio, y su legado lingüístico y cultural que aún perdura en el mundo moderno.

El papel de los fenicios en la expansión del Mediterráneo

La civilización fenicia surgió alrededor del año 1500 a.C. en lo que hoy es el Líbano, en las ciudades-estado de **Tiro**, **Sidón** y **Biblos**, entre otras. Estas ciudades costeras se encontraban en una ubicación estratégica, lo que permitió a los fenicios convertirse en los principales navegantes y comerciantes del Mediterráneo durante el primer milenio a.C. A diferencia de otras civilizaciones de la época, los fenicios no buscaban expandir su territorio mediante la conquista militar, sino que utilizaron su pericia en el comercio y la navegación para establecer una red de rutas comerciales y colonias que abarcaba todo el Mediterráneo.

1. **La expansión comercial fenicia:** Los fenicios eran expertos comerciantes y negociaban una amplia gama de productos, desde bienes de lujo hasta materias primas. Entre los productos más importantes que exportaban estaban el **cedro del Líbano**, famoso por su resistencia y durabilidad, que se utilizaba en la construcción de barcos y edificios. También comerciaban con productos exóticos como el **marfil**, las **joyas**, el **vidrio** y los **tintes púrpura**, elaborados a partir de un molusco marino conocido como **Murex**, que se convirtió en uno de los símbolos más preciados de la realeza y la nobleza del mundo antiguo.

A cambio, los fenicios importaban oro, plata, cobre, estaño y productos agrícolas de diversas regiones, lo que les permitió dominar el comercio entre los diferentes imperios y civilizaciones del Mediterráneo. Gracias a sus habilidades diplomáticas, los fenicios lograron mantener relaciones comerciales tanto con los poderosos imperios orientales, como Egipto y Asiria, como con las civilizaciones emergentes de Occidente, como Grecia y Roma.

2. **Colonización fenicia:** Para asegurar el control de las rutas comerciales y garantizar el acceso a los recursos, los fenicios fundaron numerosas **colonias** a lo largo del Mediterráneo. Algunas de estas colonias se convirtieron en centros de comercio prósperos y en importantes enclaves culturales. Entre las más conocidas se encuentran **Cartago** (en el norte de África), **Gadir** (la actual Cádiz en España), **Malaca** (la actual Málaga), y **Lixus**

(en Marruecos).

Estas colonias no solo servían como puestos comerciales, sino que también eran bases estratégicas para proteger las rutas de navegación y facilitar el intercambio de bienes entre diferentes partes del Mediterráneo. Cada colonia fenicia mantenía lazos culturales y comerciales estrechos con sus ciudades madre, aunque también desarrollaba su propia identidad y autonomía.

3. **Intercambio cultural:** La expansión fenicia no solo fue comercial, sino también cultural. Los fenicios actuaron como intermediarios entre diferentes civilizaciones, difundiendo conocimientos, tecnologías y costumbres. Su capacidad para adaptarse a los entornos locales y su habilidad para integrar elementos de las culturas con las que comerciaban les permitió influir en el desarrollo de sociedades tan diversas como los egipcios, los griegos y los etruscos. Entre sus contribuciones más notables estuvo la difusión del **alfabeto fenicio**, que se convertiría en la base de los alfabetos griego, latino y otros sistemas de escritura occidentales.

Cartago: El auge y caída de una ciudad poderosa

La colonia fenicia más famosa fue **Cartago**, fundada en el siglo IX a.C. en el actual Túnez. Desde su fundación, Cartago se convirtió en una de las ciudades más poderosas y prósperas del mundo antiguo, con una influencia que se extendía por todo el Mediterráneo occidental. Sin embargo, su rivalidad con Roma, otro poder emergente, culminó en una serie de guerras conocidas como las **Guerras Púnicas**, que eventualmente condujeron a su destrucción en el siglo II a.C.

1. **El auge de Cartago:** Cartago surgió como una ciudad próspera gracias a su posición estratégica en el Mediterráneo occidental, lo que le permitió controlar importantes rutas comerciales que conectaban Europa, África y el Cercano Oriente. Los cartagineses heredaron de sus antepasados fenicios el dominio del comercio

marítimo y, a lo largo de los siglos, se convirtieron en los principales rivales comerciales y navales de las ciudades-estado griegas y, más tarde, de Roma.

La riqueza de Cartago se basaba en el comercio de metales preciosos, esclavos, marfil, vino, aceite de oliva y grano. Además, los cartagineses desarrollaron una poderosa flota naval que protegía sus rutas comerciales y aseguraba su hegemonía en el Mediterráneo occidental. La influencia cartaginesa se extendió a lo largo de la costa norte de África, Sicilia, Cerdeña, y la península ibérica, donde establecieron colonias y factorías comerciales.

2. Las Guerras Púnicas y la caída de Cartago: A pesar de su éxito, la creciente influencia de Cartago la llevó a entrar en conflicto con **Roma**, que también buscaba expandir su poder en el Mediterráneo. Este conflicto culminó en las **Guerras Púnicas**, tres grandes enfrentamientos entre Roma y Cartago que marcaron la lucha por el control del Mediterráneo.

La segunda de estas guerras fue particularmente famosa por las hazañas militares del general cartaginés **Aníbal**, quien cruzó los Alpes con un ejército que incluía elefantes de guerra y estuvo cerca de derrotar a Roma en varias ocasiones. Sin embargo, a pesar de las victorias iniciales de Aníbal, Roma finalmente prevaleció y, en la **Tercera Guerra Púnica**, los romanos sitiaron y destruyeron Cartago en el 146 a.C. La ciudad fue arrasada y su territorio se convirtió en una provincia romana.

3. El legado de Cartago: Aunque Cartago fue destruida, su legado perduró. Los romanos, impresionados por la riqueza y sofisticación de la cultura cartaginesa, adoptaron muchas de sus prácticas comerciales y agrícolas. El uso de las técnicas cartaginesas de construcción naval, así como su conocimiento de la navegación y el comercio, influyó en el desarrollo del imperio romano como potencia marítima.

Además, las **Guerras Púnicas** marcaron un punto de inflexión en la historia del Mediterráneo, consolidando a Roma como la fuerza dominante en la región y poniendo fin a la era de hegemonía fenicia en el Mediterráneo occidental.

La influencia fenicia en la navegación y comercio

La habilidad de los fenicios como navegantes es legendaria, y fue fundamental para su éxito como comerciantes y colonizadores. Los fenicios fueron pioneros en la exploración de nuevas rutas marítimas y en la construcción de barcos avanzados, lo que les permitió surcar mares desconocidos y comerciar con civilizaciones lejanas. Su maestría en la navegación y el comercio sentó las bases de la economía marítima en el Mediterráneo.

1. **Tecnología naval fenicia:** Los fenicios eran conocidos por sus **barcos avanzados**, diseñados tanto para el comercio como para la guerra. Construyeron dos tipos principales de barcos: los **barcos mercantes**, anchos y robustos, diseñados para transportar grandes cantidades de mercancías a largas distancias, y las **galeras de guerra**, que eran más rápidas y maniobrables, equipadas con arietes para embestir a los barcos enemigos.

Los barcos fenicios estaban construidos principalmente con **madera de cedro del Líbano**, una madera apreciada por su durabilidad y resistencia al agua. Utilizaban técnicas avanzadas de construcción naval, como el **casco de mortaja y espiga**, que proporcionaba estabilidad y resistencia al barco, permitiendo que los fenicios navegaran con seguridad en las aguas agitadas del Mediterráneo.

2. **Navegación fenicia:** Los fenicios también desarrollaron técnicas de navegación avanzadas que les permitieron aventurarse más allá de las rutas costeras seguras y explorar el **Mediterráneo occidental** y más allá. Fueron pioneros en la **navegación nocturna**, utilizando las estrellas, como la **estrella Polar**, para orientarse en alta mar. Esta habilidad para navegar de noche les permitía realizar viajes más largos y eficientes, lo que les daba una ventaja sobre otras civilizaciones marítimas de la época.

Existen relatos históricos que sugieren que los fenicios llegaron incluso a **circunnavegar África**. Heródoto, el historiador griego, cuenta la historia de una expedición fenicia patrocinada por el faraón egipcio **Necao II** que, alrededor del año 600 a.C., habría logrado circunnavegar el continente africano, partiendo del mar Rojo y regresando al Mediterráneo a través del estrecho de Gibraltar. Aunque este relato sigue siendo objeto de debate, ilustra la audacia y las capacidades de los navegantes fenicios.

3. Monopolio del comercio mediterráneo: Durante siglos, los fenicios mantuvieron el **monopolio del comercio en el Mediterráneo**, controlando el tráfico de bienes entre las civilizaciones orientales y occidentales. Sus colonias, repartidas estratégicamente por todo el Mediterráneo, actuaban como centros de distribución de mercancías y puntos de abastecimiento para los comerciantes fenicios.

Gracias a su habilidad para negociar y establecer relaciones comerciales con una gran diversidad de culturas, los fenicios desempeñaron un papel crucial en el intercambio de productos y tecnologías, como el uso del hierro, el vidrio y la cerámica. Su influencia fue tan profunda que muchos de los productos y conocimientos fenicios fueron adoptados por las civilizaciones que los sucedieron, contribuyendo al desarrollo económico y cultural del Mediterráneo.

Legado lingüístico y cultural en el mundo moderno

A pesar de su eventual desaparición como entidad política, los fenicios dejaron un legado cultural duradero que sigue siendo evidente en el mundo moderno, especialmente en áreas como el lenguaje, la navegación y el comercio. Uno de sus aportes más significativos fue el **alfabeto fenicio**, que tuvo un impacto profundo en la historia de la escritura.

1. El alfabeto fenicio: El **alfabeto fenicio** es considerado uno de los logros más importantes de esta civilización, ya que fue el primer sistema de escritura **alfabético** ampliamente utilizado.

A diferencia de los sistemas de escritura anteriores, como los jeroglíficos egipcios o los caracteres cuneiformes sumerios, el alfabeto fenicio era simple, compuesto por 22 letras que representaban sonidos consonantes. Este sistema permitía una mayor facilidad de uso y aprendizaje, lo que lo hizo ideal para las transacciones comerciales y la comunicación escrita.

El alfabeto fenicio fue adoptado por los griegos, quienes añadieron vocales al sistema, creando el **alfabeto griego**, que a su vez influyó en el **alfabeto latino**, base de muchos de los idiomas modernos, incluidos el español, el inglés y el francés. El impacto del alfabeto fenicio en la comunicación escrita sigue siendo uno de los legados más perdurables de esta civilización.

2. Influencia cultural en el Mediterráneo: La influencia cultural de los fenicios se extendió por todo el Mediterráneo a través de sus colonias y su comercio. Introdujeron el arte del trabajo en vidrio, la técnica de la producción de tinte púrpura y avanzadas técnicas de construcción naval. Además, su habilidad para adaptarse y adoptar elementos de las culturas con las que comerciaban les permitió crear una **cultura híbrida** que integraba aspectos de las civilizaciones egipcia, mesopotámica, griega y romana.

La religión fenicia también dejó su huella. Los fenicios adoraban a un panteón de dioses encabezado por **Baal**, el dios de la tormenta, y **Astarté**, la diosa de la fertilidad y la guerra. Algunas de estas deidades fueron adoptadas por otras culturas del Mediterráneo, e incluso dejaron rastros en los mitos y religiones de las civilizaciones posteriores.

3. Persistencia del legado fenicio: A pesar de la destrucción de Cartago y la caída de las ciudades-estado fenicias, el legado fenicio ha perdurado en las culturas mediterráneas. En la moderna **Tiro** y **Sidón**, el pasado fenicio sigue siendo una parte importante de la identidad local. Asimismo, la influencia fenicia en la navegación y el comercio sentó las bases para el desarrollo económico de civilizaciones posteriores, como la griega y la romana.

El legado fenicio no se limita solo a la historia y la arqueología; también está presente en el **idioma y la escritura**, en las rutas comerciales que trazaron, y en la forma en que sus innovaciones culturales y tecnológicas ayudaron a moldear el mundo mediterráneo.

Los fenicios, conocidos como los **maestros del comercio y la navegación**, jugaron un papel fundamental en la historia del Mediterráneo, conectando a civilizaciones distantes y facilitando el intercambio de bienes, ideas y tecnologías. Su habilidad para prosperar en un entorno de intensa competencia política y comercial, junto con su legado en la escritura, la navegación y el comercio, los sitúa entre las civilizaciones más influyentes de la antigüedad. Aunque su poder político declinó, los fenicios dejaron una marca indeleble en la historia del mundo, un legado que sigue presente en muchos aspectos de la vida moderna.

CAPÍTULO 11: LOS HITITAS – EL IMPERIO DESAPARECIDO DE ANATOLIA

El imperio hitita, una de las grandes civilizaciones del antiguo Oriente Próximo, floreció en Anatolia (la actual Turquía) durante el segundo milenio a.C. A pesar de ser una de las potencias más formidables de su época, los hititas desaparecieron repentinamente de la historia en el siglo XII a.C., dejando tras de sí un vacío en la región que fue ocupado por otros pueblos. El misterio en torno a su caída ha fascinado a los historiadores, mientras que los descubrimientos arqueológicos modernos han revelado aspectos sorprendentes de su cultura, diplomacia y avances tecnológicos. En este capítulo, exploraremos el surgimiento y auge de los hititas, sus complejas relaciones diplomáticas y militares con otras potencias del antiguo Oriente Próximo, el enigma de su desaparición, y los descubrimientos arqueológicos que han permitido reconstruir la historia de este enigmático imperio.

El surgimiento y auge de los hititas

Los hititas fueron una civilización indoeuropea que surgió en la región montañosa de Anatolia central alrededor del año 1650 a.C. La historia del imperio hitita comenzó con pequeños asentamientos y reinos dispersos, pero eventualmente se unificaron bajo una monarquía fuerte que estableció su capital en **Hattusa**, en lo que hoy es Turquía. Este proceso de unificación permitió a los hititas construir un poderoso imperio que se expandió para abarcar gran parte de Anatolia y más allá, incluyendo partes de Siria y el Levante.

1. Fundación del reino hitita: El ascenso de los hititas comenzó con el reinado del rey **Hattusili I** (aproximadamente 1650-1620 a.C.), quien consolidó varios reinos menores bajo su control y estableció la ciudad de **Hattusa** como su capital. Este rey expandió los territorios hititas hacia el sur y el este, derrotando a las ciudades-estado hurritas y otras entidades rivales en el norte de Siria.

A lo largo del siglo XVII a.C., los hititas continuaron expandiendo su poder bajo monarcas como **Mursili I**, quien lanzó una de las campañas militares más notables de la antigüedad: el saqueo de **Babilonia** alrededor del 1595 a.C. Este evento, que marcó el declive temporal del Imperio Antiguo de Babilonia, fue una de las grandes hazañas militares de los hititas y consolidó su reputación como una potencia emergente.

2. La edad de oro hitita: El **Nuevo Reino hitita** (c. 1400-1200 a.C.), también conocido como el Imperio Hitita, fue la etapa más próspera de esta civilización. Bajo los reinados de monarcas como **Suppiluliuma I** (c. 1350-1322 a.C.), los hititas lograron expandir su control sobre grandes porciones del Cercano Oriente, incluida Siria, y se enfrentaron directamente con potencias como Egipto, Mitanni y Asiria.

Suppiluliuma I fue uno de los reyes hititas más poderosos y estableció una red de estados vasallos en Siria, consolidando su influencia en la región. Bajo su liderazgo, el imperio hitita alcanzó su máxima extensión, rivalizando con los egipcios por el control del Levante y ganando prestigio diplomático y militar.

3. Organización política y social: El imperio hitita estaba gobernado por un rey, quien también desempeñaba el papel de **sumo sacerdote** y comandante militar. El poder del rey estaba limitado por una élite aristocrática conocida como el **Panku**, una especie de consejo asesor que tenía el derecho de intervenir en asuntos de sucesión y gobernanza. Este sistema de control entre el monarca y la aristocracia contribuyó a una estructura política relativamente estable durante los siglos de apogeo del imperio.

Los hititas también desarrollaron una estructura social jerárquica, con la nobleza y la familia real en la cúspide, seguida de una clase de guerreros, sacerdotes y comerciantes. En la base de la pirámide social estaban los agricultores y artesanos, que formaban la mayor parte de la población.

Relaciones con Egipto y otras potencias del antiguo Oriente Próximo

A lo largo de su historia, los hititas interactuaron constantemente con otras grandes civilizaciones del Oriente Próximo, como Egipto, Babilonia, Asiria y Mitanni. Estas relaciones fueron complejas y, a menudo, fluctuaban entre la guerra y la diplomacia. Las alianzas matrimoniales, los tratados y las guerras moldearon la política de la región, en la que los hititas desempeñaron un papel crucial.

1. **Conflictos con Egipto:** Una de las rivalidades más notables de los hititas fue con **Egipto**, durante la dinastía XIX, bajo el faraón **Ramsés II**. Ambos imperios competían por el control del Levante, especialmente en Siria, que era clave para las rutas comerciales y la influencia política en la región.

El conflicto culminó en la famosa **Batalla de Qadesh** en 1274 a.C., una de las mayores batallas de carros de la historia antigua. En esta batalla, las fuerzas de Ramsés II y el rey hitita **Muwatalli II** se enfrentaron cerca de la ciudad de **Qadesh**. Aunque ambas partes reclamaron la victoria, la batalla terminó en un punto muerto, y finalmente, los hititas y los egipcios firmaron un tratado de paz que es considerado el **primer tratado de paz** documentado en la historia. Este tratado fue un acuerdo bilateral que estableció fronteras y selló una paz duradera entre ambas potencias.

2. Diplomacia y alianzas matrimoniales: Los hititas fueron hábiles diplomáticos y establecieron alianzas a través de matrimonios reales. Un ejemplo destacado fue el matrimonio de una princesa hitita con Ramsés II, que selló la paz entre ambos imperios. Estas alianzas matrimoniales permitían a los hititas formar lazos políticos con otras potencias y consolidar su posición en la región.

Los hititas también mantuvieron relaciones diplomáticas con Babilonia y Asiria, aunque estas interacciones eran a menudo tensas debido a las ambiciones expansionistas de estos imperios. El equilibrio de poder en el antiguo Oriente Próximo era extremadamente frágil, y los hititas debieron enfrentarse a múltiples desafíos diplomáticos para mantener su hegemonía.

3. Relación con Mitanni y los hurritas: Los hititas también tuvieron una relación importante con el reino de **Mitanni**, una potencia hurrita que controlaba gran parte del norte de Mesopotamia y Siria. Durante las primeras etapas de su expansión, los hititas se enfrentaron a Mitanni por el control de Siria, pero más tarde, bajo Suppiluliuma I, los hititas lograron derrotar a Mitanni y absorber gran parte de su territorio, consolidando su control sobre la región.

La influencia hurrita fue significativa en la cultura hitita. Muchos elementos de la religión y la mitología hitita, así como la organización militar, parecen haber sido influenciados por los hurritas, lo que demuestra la naturaleza sincrética de la cultura hitita.

El misterio de su desaparición

A pesar de su poder y éxito, el imperio hitita colapsó de manera repentina y enigmática alrededor del 1200 a.C., junto con otras civilizaciones importantes del Mediterráneo oriental y el Oriente Próximo en un fenómeno conocido como el **colapso de la Edad del Bronce**. Las razones detrás de esta desaparición han sido objeto de mucha especulación, y varias teorías han surgido para explicar este colapso.

1. Invasiones de los Pueblos del Mar: Una de las teorías más populares sugiere que los **Pueblos del Mar**, un grupo de invasores de origen desconocido, contribuyeron a la caída del imperio hitita. Estos pueblos realizaron incursiones en varias regiones del Mediterráneo oriental, incluida Anatolia, lo que habría desestabilizado el imperio hitita y provocado su colapso. Sin embargo, la evidencia de los Pueblos del Mar en Anatolia es limitada, y algunos estudiosos sugieren que estos invasores fueron solo uno de varios factores que contribuyeron al colapso hitita.

2. Cambios climáticos y crisis económica: Otra teoría importante es la del **cambio climático**. Se cree que una serie de sequías prolongadas afectaron gravemente a la región de Anatolia y Siria, lo que habría provocado una crisis agrícola y alimentaria. La incapacidad de los hititas para alimentar a su población y mantener su ejército en tiempos de escasez pudo haber contribuido al debilitamiento de su estructura política y social, facilitando su colapso.

Los problemas internos también podrían haber jugado un papel. El imperio hitita era una entidad política compleja y descentralizada, lo que significa que las crisis económicas o políticas internas podrían haber debilitado su capacidad para responder a las amenazas externas.

3. Rebeliones internas y fragmentación: Otra teoría sugiere que el imperio hitita pudo haber colapsado debido a rebeliones internas. Anatolia estaba formada por una serie de reinos vasallos y aliados, y es posible que durante los últimos años del imperio, algunas de estas entidades se rebelaran contra la autoridad central en Hattusa. Esta fragmentación política podría haber debilitado al imperio lo suficiente como para hacerlo vulnerable a invasores externos o colapsar bajo la presión de sus propios problemas internos.

Sea cual sea la causa precisa, lo cierto es que hacia el año 1180 a.C., el imperio hitita había desaparecido. Su capital, Hattusa, fue destruida y abandonada, y el poder hitita en la región se fragmentó en pequeños reinos neo-hititas que continuaron existiendo durante algunos siglos, aunque sin la misma influencia.

Legado y descubrimientos arqueológicos

A pesar de su desaparición, el legado hitita ha perdurado a través de los siglos, y los descubrimientos arqueológicos realizados en el siglo XX han revelado mucho sobre la cultura, la política y la religión de este imperio perdido. Hasta su redescubrimiento moderno, la civilización hitita fue conocida principalmente a través de referencias en textos egipcios y bíblicos, pero los hallazgos en Anatolia han cambiado radicalmente nuestra comprensión de su historia.

1. Redescubrimiento de Hattusa: El descubrimiento de la antigua capital hitita, **Hattusa**, en las colinas de Boğazköy (actual Turquía) a principios del siglo XX, fue un hito en la arqueología del Oriente Próximo. Excavaciones lideradas por arqueólogos alemanes desenterraron vastas ruinas de la ciudad, incluidas murallas, templos, palacios y archivos escritos en tablillas de arcilla.

Estas **tablillas cuneiformes**, que contenían documentos diplomáticos, administrativos, legales y religiosos, proporcionaron una visión sin precedentes de la vida cotidiana y la política hitita. Uno de los hallazgos más importantes fue el **Tratado de Qadesh**, que detallaba el acuerdo de paz entre los hititas y los egipcios.

2. Descubrimientos en Yazılıkaya y Alacahöyük: Otro sitio arqueológico importante es **Yazılıkaya**, un santuario rocoso cerca de Hattusa, donde los arqueólogos descubrieron relieves tallados en la roca que representaban a deidades y figuras mitológicas hititas. Yazılıkaya era un centro religioso importante donde se celebraban ceremonias relacionadas con la cosmología hitita, incluida la adoración de dioses del clima y la guerra.

El sitio de **Alacahöyük**, al noreste de Hattusa, también ha proporcionado importantes descubrimientos sobre la civilización hitita, incluidas tumbas reales y artefactos rituales, que han arrojado luz sobre las prácticas funerarias y religiosas de los hititas.

3. Legado cultural: El legado hitita también es evidente en el desarrollo de la ley y la diplomacia. Los hititas desarrollaron uno de los primeros **códigos legales** escritos del mundo antiguo, que incluía disposiciones sobre propiedad, herencia, crimen y castigo. Este código, junto con su diplomacia avanzada, demuestra que los hititas eran no solo una potencia militar, sino también una civilización sofisticada con una administración bien desarrollada.

Además, los hititas desempeñaron un papel importante en la difusión del **uso del hierro** en el antiguo Oriente Próximo. Aunque no fueron los primeros en trabajar con este metal, contribuyeron a su propagación y lo utilizaron en armas y herramientas, lo que marcó el inicio de la transición hacia la **Edad del Hierro**.

El imperio hitita, una de las grandes potencias del antiguo Oriente Próximo, dejó un legado duradero en la historia de la humanidad. Aunque su desaparición fue repentina y misteriosa, los hititas influyeron en el desarrollo de la política, la diplomacia y la cultura de la región. Los descubrimientos arqueológicos realizados en las últimas décadas han revelado mucho sobre esta fascinante civilización, desde su organización política hasta sus creencias religiosas, y nos permiten apreciar su impacto en la historia del antiguo Oriente Próximo. Aunque el imperio hitita ya no existe, su legado sigue vivo en los restos de Hattusa y en los documentos que nos han dejado, ofreciendo una ventana a una civilización desaparecida cuyo poder e influencia una vez rivalizaron con las grandes potencias de su tiempo.

CAPÍTULO 12: LOS MINOICOS – EL CREPÚSCULO DE CRETA

La **civilización minoica**, que floreció en la isla de Creta durante el segundo milenio a.C., es una de las civilizaciones más antiguas y enigmáticas de Europa. Los minoicos son conocidos por su cultura palaciega, su arte vibrante, sus complejas estructuras arquitectónicas, y por ser una sociedad marítima avanzada que mantuvo redes comerciales extendidas por todo el Mediterráneo. Sin embargo, a pesar de sus impresionantes logros, la civilización minoica colapsó misteriosamente, dejando tras de sí preguntas sin respuesta sobre las causas de su desaparición. En este capítulo, exploraremos el misterio que rodea a los minoicos, el impacto de la destrucción de la isla de **Thera** en su declive, la rica cultura palaciega y artística que desarrollaron, y su relación con la **civilización micénica**, que emergió como la sucesora en la región del Egeo.

El misterio de la civilización minoica

Los **minoicos** fueron una de las primeras civilizaciones avanzadas de Europa, floreciendo en la isla de Creta alrededor del año 2600 a.C. hasta su declive alrededor del 1450 a.C. El nombre "minoico" fue acuñado por el arqueólogo británico Sir Arthur Evans, quien descubrió el famoso palacio de **Cnosos** y lo relacionó con el legendario rey **Minos**, de la mitología griega. Los minoicos se destacaron por su compleja organización social, su economía basada en el comercio marítimo, su arte exuberante y una cultura palaciega que centraba la vida política, religiosa y económica de la isla.

1. El origen de los minoicos: El origen exacto de los minoicos sigue siendo un tema de debate. Aunque su cultura fue una de las primeras en desarrollarse en Europa, algunos estudios sugieren que los minoicos podrían haber tenido conexiones con otras civilizaciones del Mediterráneo, como Egipto y las culturas del Cercano Oriente. La influencia de estas civilizaciones se puede observar en el arte y la arquitectura minoica, que muestran similitudes con el arte egipcio y mesopotámico.

A lo largo de su historia, los minoicos establecieron una serie de ciudades-estado prósperas y construyeron imponentes palacios en sitios como **Cnosos**, **Festo**, **Malia** y **Zakros**. Estos palacios no solo eran residencias reales, sino también centros administrativos y religiosos donde se organizaban las actividades comerciales, se realizaban ceremonias religiosas y se almacenaban grandes cantidades de productos agrícolas y bienes.

2. Sociedad pacífica y marítima: Una de las características más sorprendentes de los minoicos es que, a diferencia de muchas otras civilizaciones de la época, no parecen haber sido una sociedad militarista. Hasta el momento, los arqueólogos han encontrado pocas evidencias de estructuras defensivas o armas en Creta, lo que ha llevado a algunos a sugerir que los minoicos mantenían una sociedad relativamente pacífica. Esta estabilidad interna pudo haber sido facilitada por la geografía de la isla de Creta, que proporcionaba protección natural contra invasores.

La sociedad minoica dependía en gran medida del **comercio marítimo**. Los minoicos construyeron una poderosa flota naval que les permitió comerciar con civilizaciones tan distantes como Egipto, Chipre y el Cercano Oriente. Importaban materias primas como metales preciosos, marfil y piedras semipreciosas, y exportaban productos manufacturados como cerámica, textiles y aceites perfumados. Esta red de comercio no solo enriqueció a Creta, sino que también la convirtió en un importante centro de intercambio cultural, lo que permitió a los minoicos absorber influencias extranjeras y crear una cultura única y sincrética.

La destrucción de la isla de Thera y su impacto

Uno de los eventos más devastadores en la historia del Mediterráneo y que pudo haber contribuido al declive de la civilización minoica fue la **erupción volcánica de Thera**, en la actual isla de **Santorini**. Este evento catastrófico, que ocurrió alrededor del 1600 a.C., es considerado una de las erupciones volcánicas más poderosas de la historia, y su impacto se sintió en gran parte del Mediterráneo oriental.

1. La erupción volcánica de Thera: La erupción de Thera fue de tal magnitud que causó una destrucción masiva en la isla y sus alrededores, provocando **tsunamis** que habrían golpeado las costas de Creta y otros puntos del Egeo. La cantidad de cenizas volcánicas expulsadas a la atmósfera también habría tenido efectos climáticos globales, causando un enfriamiento temporal del clima y alterando los ciclos agrícolas.

Los arqueólogos han encontrado evidencia de esta erupción en el sitio de **Akrotiri**, una ciudad minoica en la isla de Thera que fue enterrada bajo una gruesa capa de cenizas volcánicas. Las excavaciones han revelado que Akrotiri era una ciudad próspera con edificios de varios pisos, sistemas de alcantarillado y un arte impresionante, lo que sugiere que los minoicos habían establecido colonias o centros comerciales en las islas vecinas.

2. Consecuencias para la civilización minoica: El impacto de la erupción de Thera en la civilización minoica es un tema de intenso debate. Algunos estudiosos sugieren que los tsunamis resultantes de la erupción podrían haber destruido las flotas minoicas y arrasado los puertos y ciudades costeras de Creta, debilitando gravemente la capacidad de los minoicos para mantener su red comercial y defensa marítima.

Además, la caída de cenizas volcánicas pudo haber devastado la agricultura en Creta, causando hambrunas y agitación social. La erupción también habría tenido un impacto psicológico, ya que los minoicos adoraban a deidades relacionadas con la naturaleza y los desastres naturales, como terremotos y erupciones volcánicas, podrían haber sido interpretados como señales del descontento de los dioses.

Aunque la civilización minoica no desapareció inmediatamente después de la erupción, parece que el evento volcánico marcó el inicio de su declive. Hacia el 1450 a.C., muchos de los palacios minoicos fueron destruidos o abandonados, y la isla de Creta cayó bajo el control de los micénicos, una civilización más militarista que emergió en la Grecia continental.

La cultura palaciega y el arte minoico

Uno de los aspectos más fascinantes de la civilización minoica es su cultura palaciega, que reflejaba una sociedad altamente organizada y sofisticada. Los palacios minoicos no solo eran centros administrativos y residenciales, sino también símbolos del poder y la riqueza de los gobernantes. Los **palacios** de Creta, como el de **Cnosos**, eran complejos intrincados con cientos de habitaciones, patios ceremoniales, almacenes y talleres. Además de su arquitectura avanzada, los minoicos desarrollaron un estilo artístico único que influyó en todo el Mediterráneo.

1. **Arquitectura y planificación de los palacios**: El palacio más famoso de Creta es el de **Cnosos**, que según la mitología griega fue el hogar del rey Minos y el escenario del **mito del Minotauro**. Este palacio, que cubría más de 20,000 metros cuadrados, tenía múltiples niveles y estaba adornado con frescos vibrantes, columnas de colores, y sistemas de drenaje avanzados. A diferencia de los palacios fortificados de otras culturas de la época, los palacios minoicos no parecen haber tenido defensas militares significativas, lo que sugiere que los minoicos no enfrentaban amenazas internas o externas significativas.

Los palacios minoicos estaban conectados con la agricultura y el comercio, y las grandes salas de almacenamiento que contenían enormes jarras de aceite, vino y granos sugieren que los palacios también servían como centros de redistribución de productos. La producción de bienes, especialmente cerámica y textiles, también se centralizaba en los palacios, lo que indica una economía planificada controlada por una élite.

2. El arte minoico: El arte minoico es célebre por su vitalidad y naturalismo. Los frescos que decoraban los palacios y las villas minoicas son algunos de los ejemplos más impresionantes del arte prehistórico europeo. Estos frescos a menudo representaban escenas de la vida cotidiana, actividades deportivas, como las famosas **tauromaquias** (saltos sobre toros), así como paisajes naturales con flores, aves y animales marinos.

El arte minoico también era profundamente religioso, y muchas de las representaciones en frescos y sellos muestran figuras femeninas que podrían haber sido diosas o sacerdotisas. Los minoicos adoraban a una diosa madre, que estaba asociada con la fertilidad y la naturaleza, y su religión parece haber sido matriarcal, en contraste con las sociedades más militarizadas del Cercano Oriente y Grecia.

La **cerámica minoica** es otro ejemplo destacado de su habilidad artística. Los minoicos producían cerámica fina con motivos geométricos y naturalistas, y sus productos eran muy apreciados en todo el Mediterráneo. Además, los minoicos fueron pioneros en el uso del **vidrio**, fabricando cuentas y adornos de gran belleza.

3. Escritura y administración: Los minoicos desarrollaron varios sistemas de escritura, como el **Lineal A** y el **pictográfico**. Aunque la mayor parte de sus textos siguen sin descifrarse, la evidencia sugiere que la escritura minoica se utilizaba principalmente para llevar registros administrativos y económicos en los palacios. Las tablillas de arcilla que se han encontrado muestran listas de productos y transacciones comerciales, lo que indica una sociedad altamente organizada con un control centralizado de la economía.

La relación con la civilización micénica

Hacia el final de la civilización minoica, surgió una nueva potencia en el Mediterráneo: los **micénicos**, una civilización griega que dominaba el sur de Grecia y el Egeo. Los micénicos, que eran más militaristas y estaban fuertemente influenciados por los minoicos, eventualmente tomaron el control de Creta y absorbieron muchos aspectos de su cultura.

1. Influencia cultural y comercial: Los micénicos y los minoicos mantuvieron una relación de contacto e intercambio desde temprano, lo que se evidencia en los hallazgos de cerámica y artefactos minoicos en sitios micénicos, como **Micenas**, **Tirinto** y **Pilos**. Los micénicos adoptaron muchos elementos de la cultura minoica, especialmente en lo que respecta al arte y la arquitectura. Los frescos micénicos, por ejemplo, muestran influencias directas del estilo minoico, aunque a menudo con un enfoque más militarista y menos naturalista.

Además, los micénicos heredaron la red comercial que los minoicos habían establecido, y tras la caída de los palacios minoicos alrededor del 1450 a.C., los micénicos tomaron el control de las rutas comerciales en el Mediterráneo oriental. Los restos arqueológicos en Creta también muestran que los micénicos ocuparon los palacios minoicos y los utilizaron como centros administrativos, lo que sugiere una transición relativamente pacífica.

2. Caída de los minoicos y el dominio micénico: La caída de los minoicos sigue siendo objeto de debate, pero es probable que una combinación de factores, como desastres naturales (incluida la erupción de Thera), cambios climáticos y la llegada de los micénicos, contribuyera a su declive. Los micénicos tomaron el control de Creta alrededor del 1450 a.C., y los palacios minoicos, incluidos Cnosos y Festo, muestran signos de destrucción en ese período.

Aunque los micénicos adoptaron muchos aspectos de la cultura minoica, su enfoque era más militarista y jerárquico. Eventualmente, los micénicos también colapsaron en el siglo XII a.C., lo que marcó el final de la **Edad del Bronce** en el Mediterráneo y el inicio de una era oscura en la historia griega.

3. Continuidad cultural: A pesar de la desaparición de los palacios minoicos y el dominio micénico, el legado cultural de los minoicos continuó influyendo en la cultura griega posterior. Los mitos griegos, como el del **Minotauro**, el **laberinto** y el rey Minos, muestran cómo los griegos posteriores recordaban a los minoicos como una civilización legendaria. Además, elementos de la religión minoica, como la adoración de deidades femeninas y los rituales taurinos, probablemente influyeron en las prácticas religiosas griegas.

La civilización minoica, con su cultura palaciega, su arte exuberante y su destreza marítima, fue una de las primeras civilizaciones avanzadas de Europa. Aunque su desaparición sigue siendo un misterio, su influencia perdura en la historia del Mediterráneo, y sus logros artísticos, arquitectónicos y comerciales dejaron una huella profunda en las civilizaciones que los sucedieron. Los minoicos, a través de su relación con los micénicos y su legado cultural, siguen siendo una de las grandes civilizaciones perdidas del mundo antiguo, cuyo misterio continúa fascinando a arqueólogos e historiadores por igual.

CAPÍTULO 13: LA CIVILIZACIÓN NURÁGICA – LOS MISTERIOS DE CERDEÑA

La **civilización nurágica**, que floreció en la isla de Cerdeña entre el 1800 a.C. y el 200 a.C., es una de las culturas más enigmáticas y fascinantes del Mediterráneo antiguo. Esta civilización es especialmente conocida por sus impresionantes **torres nurágicas**, estructuras megalíticas construidas con técnicas arquitectónicas avanzadas, cuyo propósito aún es objeto de debate. A pesar de su longevidad y su influencia en la isla de Cerdeña, la civilización nurágica desapareció misteriosamente, dejando tras de sí una rica herencia arqueológica, pero pocas pruebas escritas de su existencia. En este capítulo, exploraremos los misterios de las torres nurágicas, la cultura y religión de los nurágicos, las teorías sobre su desaparición y las conexiones que esta civilización pudo haber tenido con otras culturas del Mediterráneo.

Las torres nurágicas: Enigma arquitectónico

Uno de los aspectos más destacados de la civilización nurágica es la construcción de sus icónicas **torres nurágicas**, también conocidas como **nuragas**. Estas estructuras de piedra, que se encuentran esparcidas por toda la isla de Cerdeña, son monumentos megalíticos que impresionan tanto por su tamaño como por su complejidad. Se han identificado más de 7,000 nuragas en Cerdeña, lo que sugiere que fueron una parte esencial de la cultura y la vida nurágica.

1. Arquitectura y construcción de las nuragas: Las **nuragas** son estructuras de piedra en forma de torre, construidas con grandes bloques de piedra apilados sin el uso de mortero, lo que las convierte en ejemplos de arquitectura ciclópea. Algunas nuragas son simples torres circulares, mientras que otras, más complejas, forman parte de **complejos defensivos** que incluyen varias torres conectadas por murallas y patios.

Las torres más simples tienen forma de cono truncado, con una única cámara en su interior, mientras que las más grandes, como la **nuraga de Su Nuraxi** en **Barumini**, presentan múltiples pisos y cámaras interiores conectadas por escaleras de piedra. Algunas de estas estructuras alcanzan los 20 metros de altura, lo que las convierte en logros arquitectónicos notables para su época.

El propósito de las nuragas sigue siendo un misterio. Algunas teorías sugieren que podrían haber sido utilizadas como **fortalezas defensivas**, especialmente dado que muchas están ubicadas en puntos estratégicos con vistas panorámicas del paisaje circundante. Otras teorías proponen que las nuragas eran **residencias de élites** o centros de poder, mientras que algunas hipótesis sugieren que también podrían haber tenido funciones **religiosas o ceremoniales**. En muchos casos, las nuragas están rodeadas por asentamientos más pequeños, lo que sugiere que eran centros importantes en la organización social y política de la civilización nurágica.

2. Distribución geográfica y función: Las nuragas están distribuidas de manera uniforme por toda la isla de Cerdeña, lo que indica que la civilización nurágica controlaba gran parte de la isla durante su apogeo. Las ubicaciones de las nuragas varían, desde zonas costeras hasta áreas montañosas, lo que sugiere que los nurágicos querían tener presencia en todas las partes de la isla.

Las teorías sobre su función varían, desde estructuras defensivas hasta **observatorios astronómicos**. Algunos estudiosos han propuesto que las nuragas más altas podrían haber sido utilizadas para observar el cielo, y ciertos alineamientos de las estructuras podrían estar relacionados con fenómenos astronómicos, como los solsticios. Esta idea ha sido comparada con otras civilizaciones megalíticas, como la de Stonehenge, que también utilizaba monumentos como marcadores astronómicos.

3. Significado simbólico y ritual: Algunas nuragas tienen características que sugieren un uso ritual o religioso. En el interior de varias torres se han encontrado pozos de agua, y algunos investigadores creen que estos pozos podrían haber sido utilizados en ceremonias religiosas relacionadas con el agua, que jugaba un papel importante en muchas culturas antiguas. La presencia de objetos rituales, como figurillas de bronce que representaban guerreros y dioses, también respalda la idea de que las nuragas tenían un significado espiritual para los nurágicos.

El **santuario nurágico de Santa Cristina**, con su pozo sagrado en forma de reloj de arena invertido, es uno de los ejemplos más notables de la arquitectura religiosa nurágica. Se cree que este santuario estaba dedicado al culto del agua, y su diseño preciso y alineación astronómica indican que era un lugar sagrado de gran importancia para la civilización nurágica.

La cultura y religión de los nurágicos

Aunque los nurágicos no dejaron documentos escritos, los descubrimientos arqueológicos han proporcionado pistas sobre su cultura, religión y estructura social. La civilización nurágica fue predominantemente agrícola y pastoril, pero también destacó por su metalurgia, arte y habilidades marítimas.

1. Sociedad y estructura social: La sociedad nurágica parece haber estado organizada en clanes o tribus, y es probable que las nuragas, especialmente las más grandes, fueran centros de poder donde residían las élites locales. La presencia de armas y figurillas de guerreros en las excavaciones sugiere que los **guerreros** desempeñaban un papel importante en la sociedad nurágica, aunque la civilización no muestra los signos de una cultura militarista típica.

El comercio marítimo también parece haber sido importante para los nurágicos, quienes probablemente intercambiaban productos como **metales**, **cerámica** y **tejidos** con otras civilizaciones del Mediterráneo, como los fenicios y los etruscos. Los nurágicos eran hábiles **metalúrgicos** y producían una gran cantidad de objetos de bronce, incluidos **armas**, herramientas y figuras votivas que representan animales, barcos, guerreros y divinidades.

2. Religión y culto: La religión nurágica parece haber estado centrada en el culto a la **naturaleza**, especialmente a elementos como el agua, el sol y la fertilidad. La construcción de **pozos sagrados** y la importancia simbólica del agua en varios sitios arqueológicos sugieren que los nurágicos veneraban el agua como una fuente de vida y un elemento sagrado. Los pozos sagrados, como el de Santa Cristina, eran probablemente lugares de culto donde se llevaban a cabo rituales para invocar la fertilidad de la tierra o pedir lluvias.

Las figurillas de bronce encontradas en numerosos sitios también indican la presencia de un **panteón de divinidades**, aunque no conocemos sus nombres ni sus características específicas debido a la falta de registros escritos. Algunas de estas figurillas representan guerreros con cascos y armas, lo que podría indicar la adoración de dioses de la guerra o figuras protectoras. Otros hallazgos incluyen figuras de animales, que podrían haber tenido un significado totémico o ritual.

3. Rituales funerarios: Los **rituales funerarios** de los nurágicos son otro aspecto fascinante de su cultura. Enterraban a sus muertos en grandes tumbas conocidas como **Tumbas de los**

Gigantes, que eran estructuras megalíticas alargadas, formadas por grandes losas de piedra. Estas tumbas, que podían medir hasta 30 metros de largo, eran utilizadas para entierros colectivos, lo que sugiere que las familias o clanes tenían un lugar común de descanso final.

Se han encontrado ofrendas en muchas de estas tumbas, lo que indica la creencia en una vida después de la muerte. Estas ofrendas incluían cerámica, herramientas y alimentos, lo que sugiere que los nurágicos creían que los muertos necesitaban provisiones para su viaje al más allá. Las tumbas estaban orientadas hacia el sol naciente, lo que ha llevado a algunos arqueólogos a sugerir que el culto al sol podría haber sido un aspecto central de la religión nurágica.

Teorías sobre su desaparición

A pesar de su durabilidad y prosperidad, la civilización nurágica comenzó a declinar hacia el primer milenio a.C. La causa de su desaparición es objeto de debate, pero varias teorías han sido propuestas para explicar cómo una civilización que construyó miles de torres monumentales en toda Cerdeña pudo haber desaparecido de manera gradual.

1. Influencia fenicia y cartaginesa: Una de las teorías más aceptadas es que la llegada de los **fenicios** a Cerdeña en el siglo IX a.C. marcó el comienzo del fin de la civilización nurágica. Los fenicios establecieron colonias costeras en Cerdeña, como **Tharros**, **Karalis** (la actual Cagliari) y **Nora**, y rápidamente comenzaron a controlar las rutas comerciales del Mediterráneo occidental.

Con el tiempo, los fenicios formaron alianzas comerciales y militares con los nurágicos, pero también comenzaron a ejercer un control cada vez mayor sobre la isla. A medida que los fenicios consolidaban su poder, los nurágicos fueron perdiendo su autonomía y se vieron cada vez más influenciados por la cultura y la economía fenicia.

Más tarde, los **cartagineses**, descendientes de los fenicios, se convirtieron en los principales rivales de Roma en el Mediterráneo y tomaron el control de Cerdeña en el siglo VI a.C. Los cartagineses impusieron su dominio sobre los nurágicos, y la civilización nurágica comenzó a desintegrarse bajo la influencia cartaginesa.

2. La conquista romana: El golpe final para la civilización nurágica llegó con la **conquista romana** de Cerdeña en el año 238 a.C., tras la Primera Guerra Púnica. Los romanos incorporaron la isla a su imperio como provincia y sometieron a los nurágicos a su control. Bajo el dominio romano, los nurágicos fueron gradualmente absorbidos por la cultura romana, y muchos de sus asentamientos fueron abandonados o transformados en villas romanas.

A pesar de la desaparición de la cultura nurágica como entidad independiente, algunos elementos de su cultura y arquitectura continuaron existiendo bajo el dominio romano, lo que sugiere que los nurágicos no fueron completamente erradicados, sino asimilados en la sociedad romana.

3. Cambios sociales y económicos: Otra posible explicación para el declive de la civilización nurágica es un cambio interno en su estructura social y económica. A medida que el comercio mediterráneo se volvía más competitivo y las rutas comerciales cambiaban, es posible que la economía nurágica se debilitara, lo que podría haber provocado una disminución en el poder de las élites que controlaban las nuragas. La migración hacia las costas para aprovechar las oportunidades comerciales proporcionadas por los fenicios y cartagineses también podría haber contribuido a la despoblación del interior de la isla y al abandono gradual de las torres nurágicas.

Conexiones con otras culturas del Mediterráneo

Aunque la civilización nurágica estaba situada en una isla

relativamente aislada, los nurágicos mantuvieron contactos con otras culturas del Mediterráneo a través del comercio y la interacción cultural. La evidencia arqueológica muestra que los nurágicos tenían vínculos comerciales con civilizaciones tan distantes como los fenicios, los etruscos, los griegos y posiblemente los micénicos.

1. Comercio con los fenicios y etruscos: Los **fenicios** fueron algunos de los primeros en establecer conexiones comerciales con los nurágicos, intercambiando productos como metales, cerámica y textiles. Los nurágicos exportaban materias primas como el cobre y el estaño, que eran esenciales para la fabricación de bronce, mientras que importaban productos de lujo como joyas, marfil y objetos decorativos de vidrio.

Las relaciones comerciales con los **etruscos**, que habitaban la costa de la actual Toscana en Italia, también eran importantes. Los etruscos y los nurágicos compartían un interés común en el comercio marítimo y, a través de sus contactos con los fenicios, los etruscos adquirieron objetos nurágicos, especialmente armas y figuras de bronce.

2. Influencia cultural de otras civilizaciones: La influencia de otras civilizaciones mediterráneas también se puede observar en el arte y la arquitectura nurágica. Algunos objetos encontrados en Cerdeña, como joyas y cerámica, muestran un estilo que recuerda al arte fenicio y griego, lo que sugiere que los nurágicos adoptaron algunos aspectos culturales de sus socios comerciales.

A pesar de estas influencias externas, los nurágicos lograron mantener su propia identidad cultural distintiva. Las **torres nurágicas** no tienen un paralelo directo en ninguna otra cultura del Mediterráneo, lo que subraya la singularidad de esta civilización.

La **civilización nurágica** de Cerdeña, con sus misteriosas torres de piedra y su rica cultura, sigue siendo un enigma arqueológico y cultural. A pesar de su desaparición, los nurágicos dejaron una huella indeleble en la historia de la isla y el Mediterráneo. Aunque su historia aún está envuelta en el misterio, las investigaciones arqueológicas continúan revelando nuevas pistas sobre la vida, la religión y las conexiones de los nurágicos con otras civilizaciones. Los **nuragas**, que siguen dominando el paisaje de Cerdeña, son un testimonio duradero de la habilidad arquitectónica y la resiliencia de esta fascinante civilización perdida.

CAPÍTULO 14: LOS ELAMITAS – LOS VECINOS OLVIDADOS DE LOS PERSAS

La civilización **elamita**, una de las más antiguas de Oriente Próximo, floreció en el suroeste de Irán, en lo que hoy es la provincia de **Juzestán**, y su influencia se extendió durante más de dos milenios, desde aproximadamente el 2700 a.C. hasta el 539 a.C. Aunque en gran parte eclipsada por sus vecinos más poderosos, como los mesopotámicos y los persas, la historia de los elamitas es rica en complejidad política, cultural y militar. Fueron una civilización altamente desarrollada con un sistema político único, una relación intensa con las ciudades-estado mesopotámicas y un legado arqueológico notable que ha sido revelado, principalmente, a través de excavaciones en **Susa**, su capital. En este capítulo, exploraremos la historia de Elam, sus relaciones con otras potencias de la región, los importantes descubrimientos arqueológicos que han arrojado luz sobre su civilización, y las razones por las que los elamitas desaparecieron en la sombra del poderoso Imperio Persa.

La historia de Elam: Desde su auge hasta su caída

Elam fue una de las primeras civilizaciones de la historia en desarrollarse en la región de la **Meseta Iraní** y el **Bajo Elam** (la zona de Juzestán), estableciendo una influencia duradera en la historia del antiguo Oriente Próximo. Los elamitas no solo compartían fronteras con las poderosas ciudades-estado sumerias y acadias de Mesopotamia, sino que también mantuvieron una identidad cultural única que los distinguía de sus vecinos. A pesar de sus guerras y alianzas con los mesopotámicos, lograron mantener su independencia durante largos períodos de tiempo.

1. Los primeros elamitas: Elam comenzó a emerger como una civilización organizada alrededor del 2700 a.C., con la ciudad de **Susa** como uno de sus principales centros políticos y culturales. Durante este período temprano, los elamitas mantenían relaciones comerciales con las ciudades sumerias del sur de Mesopotamia, como **Ur** y **Uruk**. Susa, situada estratégicamente en la llanura aluvial del río Karun, se benefició de su proximidad a las rutas comerciales que conectaban Mesopotamia con las tierras altas de Irán y más allá.

Los primeros registros de la historia elamita están entrelazados con los relatos sumerios, en los que Elam aparece como una entidad periférica pero importante. Durante estos primeros siglos, Elam fue tanto un socio comercial como un adversario militar de las ciudades mesopotámicas, y las fronteras entre ambas regiones fluctuaban constantemente a medida que cambiaban las alianzas y se producían incursiones militares.

2. El Imperio elamita: El período más glorioso de la historia de Elam comenzó alrededor del 2000 a.C., cuando la dinastía **Simashki** unificó la región bajo un único reino, y más tarde, durante el reinado de la **dinastía de Sukkalmah**. Esta dinastía llevó a Elam a su máxima expansión territorial, y durante este tiempo, los elamitas se convirtieron en una de las potencias más importantes del antiguo Oriente Próximo. Con la consolidación de su poder en Susa, los elamitas comenzaron a expandirse hacia el este, hacia las montañas de Irán, y hacia el oeste, hacia las ciudades mesopotámicas.

Durante el período **medioriental**, los elamitas lograron derrotar a los babilonios bajo el rey **Kutir-Nahhunte I**, en torno al siglo

XIV a.C., saqueando Babilonia y llevándose la estatua del dios **Marduk**, un evento que marcó una de las mayores victorias militares de Elam. La relación entre Elam y Mesopotamia en este período fue de constante fluctuación, con alternancias entre guerras y alianzas.

3. El auge y caída final: El período de mayor esplendor de Elam llegó durante la **dinastía Shutrukida**, cuando el rey **Shutruk-Nakhunte I** (c. 1185-1155 a.C.) llevó a cabo una serie de campañas militares exitosas contra Babilonia, lo que resultó en la conquista de gran parte de Mesopotamia. Fue durante este período que los elamitas se llevaron importantes artefactos babilónicos, como el **Código de Hammurabi**, que fue transportado a Susa como trofeo de guerra.

Sin embargo, el poder de Elam comenzó a declinar poco después del reinado de los Shutrukidas. Las luchas internas y las incursiones externas debilitaron el imperio elamita, y para el siglo VII a.C., Elam se encontraba en un estado de decadencia. En el 646 a.C., el rey asirio **Asurbanipal** lanzó una devastadora campaña contra Elam, destruyendo Susa y marcando el comienzo del fin para la civilización elamita. Aunque Elam no desapareció inmediatamente, quedó gravemente debilitada y su influencia se redujo considerablemente hasta que finalmente fue absorbida por el naciente Imperio Persa en el siglo VI a.C.

Relaciones con Mesopotamia y Persia

A lo largo de su historia, los elamitas mantuvieron relaciones complejas con sus poderosos vecinos mesopotámicos, que variaban desde alianzas estratégicas hasta guerras brutales. Estas interacciones, que a menudo se centraban en la lucha por el control de los recursos y las rutas comerciales, dejaron una profunda huella en la historia de Elam y Mesopotamia. Posteriormente, los elamitas fueron absorbidos por el **Imperio Persa**, y su cultura y administración continuaron influyendo en la historia de la región durante los siglos siguientes.

1. Rivalidades y alianzas con Mesopotamia: Elam y

Mesopotamia compartían una larga frontera, y la competencia por el control de las ricas tierras fértiles y las rutas comerciales fue un constante motivo de conflicto. Los reyes elamitas, al igual que sus homólogos mesopotámicos, intentaban expandir sus territorios e influencia a través de alianzas matrimoniales, tratados diplomáticos y guerras.

En los períodos de auge de Elam, como bajo los Shutrukidas, los elamitas lograron imponerse sobre los reinos mesopotámicos, incluso saqueando ciudades como Babilonia. Sin embargo, los elamitas también se enfrentaron a poderosos enemigos, como los **asirios**, quienes, bajo reyes como **Asurbanipal**, lanzaron feroces campañas de castigo contra Elam. La rivalidad entre Elam y Mesopotamia no solo se limitó a la esfera militar, sino que también hubo un constante intercambio cultural y comercial. Los elamitas adoptaron el sistema de escritura cuneiforme mesopotámico, y sus ciudades, como Susa, se convirtieron en centros de producción artística e intelectual, influidos por la cultura mesopotámica.

2. La relación con Persia: A pesar de sus conflictos con Mesopotamia, Elam jugó un papel clave en la formación del **Imperio Persa**. Cuando los persas comenzaron a emerger como una potencia bajo **Ciro el Grande** en el siglo VI a.C., Elam ya estaba debilitada tras siglos de guerras con Asiria y Babilonia. Ciro incorporó Elam a su imperio, y la ciudad de Susa se convirtió en una de las capitales administrativas del Imperio Persa.

A lo largo del Imperio Persa, Elam y sus tradiciones administrativas continuaron influyendo en la cultura persa. Los persas adoptaron muchos elementos del sistema administrativo elamita, y la lengua elamita se utilizó como uno de los idiomas oficiales del imperio. A pesar de la absorción de Elam en el Imperio Persa, su legado sobrevivió en la organización política y cultural del imperio.

Descubrimientos arqueológicos en Susa

Susa, una de las ciudades más antiguas y prominentes de Elam, ha sido un sitio clave para los descubrimientos arqueológicos que han revelado la historia y la cultura de los elamitas. Las excavaciones en Susa han proporcionado una visión detallada de la vida política, religiosa y económica de esta civilización, así como de su interacción con otras culturas del antiguo Oriente Próximo.

1. El templo de Inshushinak: Uno de los descubrimientos más importantes en Susa ha sido el **templo de Inshushinak**, el dios supremo del panteón elamita. Este templo, que se encontraba en el centro de la ciudad, era un importante lugar de culto y peregrinación para los elamitas. Las excavaciones han revelado una gran cantidad de ofrendas votivas, incluidas figurillas de bronce y cerámica, lo que sugiere que Susa era un importante centro religioso en Elam.

El templo también muestra la influencia de la arquitectura y el arte mesopotámico, lo que refuerza la idea de que los elamitas absorbieron elementos culturales de sus vecinos. Sin embargo, los elamitas también desarrollaron un estilo artístico propio, como lo demuestran las estatuas y relieves que representan a dioses y figuras míticas elamitas.

2. El tesoro de Susa: Otro importante hallazgo en Susa fue el **tesoro real** descubierto en el palacio elamita. Este tesoro incluía artefactos de gran valor, como joyas, armas de bronce y tablillas de arcilla que contenían registros administrativos y legales. Estos textos, escritos en cuneiforme, han proporcionado una gran cantidad de información sobre la estructura política y la economía de Elam.

Entre los objetos más notables se encuentra el famoso **Código de Hammurabi**, que fue saqueado de Babilonia por los elamitas y llevado a Susa como botín de guerra. Este y otros artefactos robados a los mesopotámicos muestran el poder que Elam ejerció sobre sus vecinos en su apogeo.

3. La influencia persa en Susa: Durante el Imperio Persa, Susa continuó siendo un centro político y cultural importante. Los persas construyeron grandes palacios en la ciudad, y las excavaciones han revelado la impresionante arquitectura persa, como el **Palacio de Darío I**, que combinaba elementos arquitectónicos elamitas y persas. Este palacio, decorado con relieves y esculturas, muestra cómo los persas adoptaron y adaptaron las tradiciones artísticas de Elam.

Los descubrimientos arqueológicos en Susa han sido fundamentales para comprender la historia de Elam y su legado en el contexto del antiguo Oriente Próximo. Aunque gran parte de la historia elamita fue oscurecida por las conquistas persas y mesopotámicas, los hallazgos en Susa han permitido reconstruir gran parte de su cultura y logros.

El enigma de su desaparición en la sombra de Persia

A pesar de su prolongada historia y sus logros culturales, políticos y militares, la civilización elamita desapareció de la historia en gran medida tras la conquista de Susa por los persas en el siglo VI a.C. La desaparición de Elam ha sido objeto de especulación entre los historiadores, y se ha propuesto una variedad de teorías para explicar cómo una civilización tan influyente fue absorbida por el emergente Imperio Persa.

1. La conquista persa: El principal factor en la desaparición de Elam fue, sin duda, la conquista persa. Ciro el Grande incorporó Elam a su imperio en 539 a.C., y aunque la cultura elamita continuó influyendo en el Imperio Persa, la identidad política y cultural de Elam se diluyó gradualmente. Susa se convirtió en una capital administrativa del Imperio Persa, y los persas adoptaron muchas de las tradiciones burocráticas elamitas.

Sin embargo, la absorción de Elam en el Imperio Persa también marcó el final de la independencia política de los elamitas. Los elamitas se integraron en la sociedad persa, y con el tiempo, su lengua y cultura fueron reemplazadas por las tradiciones persas.

2. Influencias externas y declive interno: A lo largo de su historia, Elam estuvo constantemente expuesto a influencias externas, especialmente de Mesopotamia. Esta interacción constante, a menudo violenta, debilitó la cohesión interna de Elam. Las incursiones de los asirios, especialmente la campaña destructiva de Asurbanipal, diezmaron el poder político de los elamitas y dejaron a la región vulnerable a la conquista persa.

Además, los elamitas también enfrentaron problemas internos, como la fragmentación política y las luchas entre facciones. La ausencia de un poder central fuerte facilitó su conquista por parte de los persas.

3. Legado duradero en Persia: Aunque Elam desapareció como entidad independiente, su legado continuó en el Imperio Persa. Los persas adoptaron muchos elementos de la administración elamita, y la lengua elamita fue utilizada como uno de los idiomas oficiales del imperio. La influencia de Elam se puede ver en la organización del Imperio Aqueménida, y su cultura siguió influyendo en las tradiciones religiosas y artísticas de la región.

El destino de los elamitas refleja el ciclo de auge y caída de muchas civilizaciones del antiguo Oriente Próximo. Aunque fueron eclipsados por el poder emergente de Persia, los elamitas dejaron una huella duradera en la historia del mundo antiguo. Su legado puede haber sido absorbido por el Imperio Persa, pero los descubrimientos arqueológicos en Susa continúan recordándonos el impacto de esta civilización olvidada en la historia de la humanidad.

La civilización **elamita**, aunque olvidada por muchos, desempeñó un papel crucial en la historia de Oriente Próximo. A través de sus logros políticos, culturales y militares, los elamitas dejaron una marca indeleble en la historia de la región. Su relación compleja con Mesopotamia y su eventual absorción por el Imperio Persa ilustran cómo las civilizaciones antiguas interactuaron y evolucionaron. Los hallazgos arqueológicos en Susa, su capital, nos permiten vislumbrar una cultura rica y sofisticada que influyó en el desarrollo del mundo antiguo de formas que apenas comenzamos a comprender. Aunque su nombre se ha desvanecido de los anales de la historia, **Elam** sigue siendo un enigma fascinante que ofrece lecciones sobre la resistencia, el poder y la fragilidad de las civilizaciones.

CAPÍTULO 15: LOS CANANEOS – EL PUEBLO QUE PRECEDIÓ A LOS ISRAELITAS

Los **cananeos**, una de las civilizaciones más influyentes del antiguo Levante, florecieron en la región que hoy corresponde a Israel, Palestina, Líbano y parte de Siria, durante el tercer y segundo milenio a.C. Este pueblo dejó una huella indeleble en la historia del antiguo Oriente Próximo, desempeñando un papel crucial como puente entre las grandes civilizaciones de Mesopotamia y Egipto. Los cananeos no solo desarrollaron una rica cultura propia, sino que también influyeron en la religión, la mitología y la sociedad de las civilizaciones posteriores, incluidos los israelitas y los fenicios. Sin embargo, los cananeos fueron progresivamente absorbidos por otras culturas, y su historia se desvaneció, lo que ha hecho de su legado un tema de debate entre los historiadores y arqueólogos. En este capítulo, exploraremos la cultura y el legado de los cananeos, su influencia en la religión y mitología bíblica, las razones detrás de su desaparición, y los descubrimientos recientes que han arrojado nueva luz sobre su historia.

La cultura cananea y su legado

La cultura cananea, que floreció desde el tercer milenio a.C., fue profundamente influenciada por las civilizaciones de Egipto, Mesopotamia y Anatolia, pero también desarrolló características únicas que la diferenciaban de sus vecinos. Los cananeos vivían en **ciudades-estado** independientes, como **Ugarit**, **Byblos**, **Sidón** y **Jericó**, que fueron centros importantes de comercio, cultura y poder político en el Mediterráneo oriental.

1. Organización política y ciudades-estado: A diferencia de los grandes imperios centralizados de Egipto o Mesopotamia, los cananeos organizaban su sociedad en **ciudades-estado** independientes. Cada ciudad-estado cananea tenía su propio gobernante y ejercía control sobre el territorio circundante. Aunque estas ciudades a veces formaban alianzas, también competían entre sí por el control de las rutas comerciales y los recursos. Algunas de las ciudades más destacadas fueron **Ugarit**, en la costa siria, y **Jericó**, que es considerada una de las ciudades más antiguas del mundo habitadas de manera continua.

Las ciudades cananeas, ubicadas estratégicamente a lo largo de la costa mediterránea y en el interior del Levante, se convirtieron en prósperos centros comerciales. La influencia de los cananeos se extendía más allá de sus fronteras, gracias a su papel de intermediarios entre Egipto y Mesopotamia. A través de estas rutas comerciales, los cananeos importaban y exportaban bienes como textiles, madera de cedro, vino, aceite de oliva y metales preciosos, lo que les permitió acumular riqueza y prosperar culturalmente.

2. Arte y arquitectura: El arte y la arquitectura cananea reflejaban una combinación de influencias externas y creatividad local. Las excavaciones arqueológicas han revelado **murallas fortificadas**, **templos** y **palacios** en ciudades como Hazor, Megido y Ugarit. Las viviendas cananeas solían estar hechas de ladrillos de barro y piedra, mientras que los edificios públicos y religiosos eran más elaborados y estaban decorados con relieves, esculturas y frescos.

El **arte cananeo** también incluía estatuillas de arcilla y bronce, que representaban a dioses, animales y figuras humanas. Las joyas cananeas, hechas de oro, plata y piedras preciosas, mostraban un alto nivel de habilidad artesanal, y su estilo fue influenciado por las tradiciones egipcias y mesopotámicas, pero con características locales distintivas.

3. Escritura y literatura: Una de las contribuciones más importantes de los cananeos a la civilización mundial fue el desarrollo de un **sistema de escritura alfabético**, que surgió en Ugarit alrededor del siglo XIV a.C. Este sistema alfabético fue precursor del alfabeto fenicio, que más tarde influiría en el desarrollo de los alfabetos griego y latino. La escritura ugarítica utilizaba símbolos cuneiformes, pero a diferencia de los complejos sistemas silábicos de Mesopotamia, este alfabeto constaba de solo 30 signos, lo que simplificaba enormemente la escritura.

Además, la **literatura** cananea ha proporcionado importantes relatos mitológicos, especialmente los textos descubiertos en Ugarit. Estos textos revelan una rica tradición religiosa y mitológica, que influyó profundamente en las creencias y narrativas de las culturas circundantes, incluida la religión israelita.

La influencia en la religión y mitología bíblica

Los cananeos jugaron un papel crucial en el desarrollo de la religión y la mitología de sus sucesores, especialmente los israelitas. La religión cananea era **politeísta**, con un panteón de dioses encabezado por figuras como **El**, **Baal**, **Astarté** y **Anat**. Muchas de estas deidades cananeas fueron incorporadas o reinterpretadas en la religión hebrea, y su influencia es evidente en varios relatos bíblicos.

1. El panteón cananeo: El dios supremo de los cananeos era **El**, un dios creador que se consideraba el padre de los dioses y de la humanidad. El era representado como un dios sabio y anciano, que gobernaba sobre los dioses menores. Sin embargo, la figura más popular y activa en la religión cananea era **Baal**, el dios de la tormenta, la fertilidad y la guerra, quien a menudo se enfrentaba a fuerzas caóticas y hostiles, como el dios del mar, Yam, y el dios de la muerte, Mot.

Baal era especialmente venerado por los agricultores cananeos, ya que se creía que controlaba las lluvias y la fertilidad de la tierra. Los rituales en su honor, que a veces incluían sacrificios humanos, fueron fuertemente condenados por los israelitas en la Biblia, donde Baal es presentado como un falso dios que compite con Yahvé por la lealtad del pueblo.

2. Parentesco con la mitología israelita: Muchos estudiosos han identificado similitudes entre la **mitología cananea** y las narrativas bíblicas, sugiriendo que los israelitas, al establecerse en Canaán, adoptaron y adaptaron elementos de la religión cananea en su propia fe. Por ejemplo, el dios **El** de los cananeos comparte varias características con **Elohim**, uno de los nombres de Dios en el Antiguo Testamento.

Otro ejemplo es el conflicto entre Baal y Yam en la mitología cananea, que guarda similitudes con la narrativa bíblica del **Éxodo**, en la que Yahvé vence al **Mar Rojo** (una posible personificación del caos acuático) para salvar a los israelitas. Estas similitudes sugieren que la mitología cananea dejó una profunda huella en las primeras tradiciones israelitas.

3. La influencia de los rituales cananeos: La religión cananea también incluía prácticas rituales que influyeron en las comunidades israelitas tempranas, aunque muchas de estas prácticas fueron rechazadas o transformadas. La Biblia menciona la adoración de Baal en numerosas ocasiones, describiendo cómo los israelitas a menudo se apartaban de Yahvé para participar en rituales cananeos.

Uno de los rituales más controvertidos de los cananeos era el **sacrificio de niños** a deidades como **Moloch**, una práctica condenada con vehemencia en el Antiguo Testamento. Este tipo de sacrificios se realizaba con la esperanza de asegurar la fertilidad y la prosperidad de la tierra, aunque los israelitas lo consideraban una abominación.

La desaparición de los cananeos

A pesar de su prosperidad y su contribución cultural, los cananeos desaparecieron gradualmente de la historia a medida que sus ciudades-estado fueron conquistadas y absorbidas por otras culturas, como los israelitas, los fenicios y los egipcios. Varios factores contribuyeron a la desaparición de los cananeos, aunque algunos de sus descendientes y su legado sobrevivieron en estas culturas posteriores.

1. Conquista egipcia y la invasión de los "Pueblos del Mar": En el siglo XV a.C., el faraón egipcio **Tutmosis III** emprendió una serie de campañas militares en Canaán, sometiendo a las ciudades-estado cananeas y convirtiéndolas en vasallos del imperio egipcio. Aunque los cananeos conservaron cierto grado de autonomía, la presencia egipcia en la región debilitó su poder político y militar.

Posteriormente, alrededor del siglo XII a.C., los **Pueblos del Mar** invadieron la región del Levante, causando una gran disrupción. Entre estos pueblos invasores se encontraban los **filisteos**, quienes se establecieron en la costa sur de Canaán y compitieron con los israelitas por el control de la región. La llegada de estos nuevos grupos desestabilizó aún más a las ciudades-estado cananeas, lo que contribuyó a su declive.

2. La conquista israelita: La Biblia describe la **conquista de Canaán** por los israelitas bajo el liderazgo de **Josué**, un proceso que, según el relato bíblico, implicó la destrucción de varias ciudades cananeas, como Jericó, y la expulsión de sus habitantes. Aunque algunos arqueólogos debaten la precisión histórica de estas narrativas, hay evidencia de que las ciudades-estado cananeas fueron gradualmente ocupadas o destruidas durante este período.

A lo largo de los siglos, los israelitas absorbieron gran parte de la cultura cananea, pero también se diferenciaron de ellos a través de la creación de una identidad religiosa única centrada en la adoración monoteísta de Yahvé. Los cananeos que no fueron expulsados o asimilados probablemente fueron absorbidos por los israelitas y otros grupos, como los fenicios, que eran descendientes de los cananeos de las ciudades costeras.

3. El surgimiento de los fenicios: Aunque los cananeos como entidad política desaparecieron con el tiempo, su legado sobrevivió a través de los **fenicios**, quienes continuaron la tradición marítima, comercial y cultural de las ciudades costeras cananeas. Ciudades como **Tiro** y **Sidón**, que formaban parte del mundo cananeo, se convirtieron en los principales centros de la civilización fenicia, extendiendo su influencia por todo el Mediterráneo.

Los fenicios, descendientes directos de los cananeos, llevaron consigo muchas de las tradiciones culturales y religiosas de sus antepasados, incluidas la veneración de Baal y Astarté. A través de su vasta red comercial, los fenicios diseminaron estas tradiciones por todo el Mediterráneo, desde el norte de África hasta la península ibérica.

Descubrimientos recientes y su impacto en la historia

En las últimas décadas, los **descubrimientos arqueológicos** en el antiguo territorio de Canaán han arrojado nueva luz sobre la historia de los cananeos, su cultura y su impacto en las civilizaciones posteriores. Estos hallazgos han ayudado a los arqueólogos y estudiosos a reconstruir la historia de los cananeos de una manera más precisa, desafiando algunas interpretaciones tradicionales.

1. Excavaciones en Ugarit y su literatura: Uno de los descubrimientos más importantes relacionados con los cananeos tuvo lugar en el sitio de **Ugarit**, donde se encontraron tablillas de arcilla que contenían textos escritos en el alfabeto ugarítico. Estas tablillas proporcionaron una gran cantidad de información sobre la **religión, mitología y vida cotidiana** de los cananeos.

El **Ciclo de Baal**, una de las epopeyas más importantes descubiertas en Ugarit, detalla la lucha entre el dios Baal y sus rivales divinos, proporcionando valiosa información sobre el panteón y la cosmología cananea. Este texto es clave para entender la religión cananea y su influencia en la religión israelita posterior.

2. Excavaciones en Hazor y Jericó: Las excavaciones en la antigua ciudad de **Hazor**, una de las ciudades-estado más importantes de Canaán, han revelado templos, palacios y objetos que atestiguan la riqueza y la sofisticación de la cultura cananea. También se han descubierto pruebas de destrucción, lo que sugiere que la ciudad fue asaltada en varias ocasiones, lo que coincide con los relatos bíblicos de su conquista.

En **Jericó**, otro importante sitio arqueológico, los hallazgos han proporcionado evidencia de una ocupación cananea que data de varios milenios. Sin embargo, la famosa historia de la caída de Jericó bajo las trompetas de Josué sigue siendo objeto de debate arqueológico, ya que la estratigrafía del sitio no respalda necesariamente una destrucción masiva durante el período descrito en la Biblia.

3. Análisis genético: Recientemente, el análisis del **ADN antiguo** ha proporcionado una nueva perspectiva sobre los cananeos. Un estudio de 2017 que examinó el ADN de esqueletos cananeos de la región de Sidón demostró que los actuales libaneses son en gran parte descendientes directos de los cananeos, lo que confirma que, aunque la cultura cananea desapareció como entidad política, su linaje genético ha perdurado.

Estos descubrimientos han ayudado a los historiadores a reconsiderar la continuidad cultural en la región y han proporcionado nuevas herramientas para rastrear la evolución de las sociedades del Levante desde la antigüedad hasta la era moderna.

Los **cananeos**, a pesar de haber sido absorbidos por otras civilizaciones como los israelitas y los fenicios, dejaron un legado duradero en la historia del antiguo Oriente Próximo. Su influencia en la religión, el arte y el comercio se sintió a lo largo de los siglos, y su impacto en las civilizaciones posteriores, especialmente en la religión bíblica y la cultura fenicia, fue inmenso. Los recientes descubrimientos arqueológicos y genéticos han arrojado nueva luz sobre esta enigmática civilización, demostrando que, aunque desaparecieron de la historia política, los cananeos siguen vivos en muchos aspectos de la historia y la cultura del Mediterráneo.

CAPÍTULO 16:
LOS ESCITAS –
GUERREROS DEL
ESTE DE EUROPA

Los **escitas**, un pueblo nómada que habitó las vastas estepas del este de Europa y Asia central, son una de las civilizaciones más fascinantes y misteriosas del mundo antiguo. Famosos por su estilo de vida nómada, su destreza guerrera y sus elaborados enterramientos, los escitas dejaron un legado duradero que influyó en muchas otras civilizaciones. Desde aproximadamente el siglo VIII a.C. hasta el siglo III d.C., los escitas dominaron las llanuras y estepas que se extienden desde el Mar Negro hasta las montañas del Cáucaso y más allá. En este capítulo, exploraremos su cultura guerrera, sus elaboradas tumbas reales, su arte, las relaciones con otras civilizaciones antiguas, y su eventual declive y desaparición en la historia.

El estilo de vida nómada y la cultura guerrera

Los escitas fueron un pueblo nómada cuya vida giraba en torno a la movilidad, la cría de caballos y la guerra. Habitaron las vastas estepas de Eurasia, desde las fronteras de China hasta la región del Mar Negro, lo que les permitió interactuar con numerosas culturas y civilizaciones a lo largo de los siglos. Su estilo de vida, adaptado a las exigencias de las estepas, les permitió dominar a otros pueblos y convertirse en una potencia temida por muchos.

1. Orígenes y territorio: Los escitas, también conocidos como los **saka** en algunas regiones, surgieron alrededor del siglo VIII a.C. en las estepas al norte del Mar Negro y el Cáucaso. Los historiadores antiguos, como **Heródoto**, proporcionan relatos sobre los escitas, describiéndolos como un pueblo belicoso y formidable. Según Heródoto, los escitas vivían en la región que abarca desde el río **Danubio** hasta las fronteras de Asia Central.

Su vasto territorio, conocido como la **Gran Estepa Euroasiática**, incluía tierras fértiles para pastar caballos y ganado, lo que los convirtió en hábiles **jinetes y pastores**. Su estilo de vida nómada les permitía moverse con rapidez por las estepas, lo que resultaba ventajoso tanto para el comercio como para la guerra. Los escitas dependían de sus caballos no solo para el transporte, sino también para el combate, desarrollando una **cultura ecuestre** que estaba íntimamente ligada a su identidad.

2. Cultura guerrera: Los escitas eran conocidos por su ferocidad en la guerra, y la mayoría de los hombres escitas eran entrenados desde una edad temprana en el arte del combate a caballo. Eran arqueros excepcionales, famosos por su capacidad de disparar flechas mientras cabalgaban a gran velocidad. Utilizaban **arcos compuestos**, que eran más potentes y precisos que los arcos simples. Esta habilidad, combinada con su movilidad sobre los caballos, los hacía imbatibles en las llanuras abiertas de las estepas.

El conflicto era una parte central de la vida escita, y las armas y armaduras eran símbolos de estatus. Las armas típicas de los escitas incluían **espadas cortas** conocidas como **akinakes**, **lanzas** y **hachas de combate**. También utilizaban armaduras de cuero y placas de metal para protegerse en combate.

La sociedad escita estaba organizada en torno a una aristocracia guerrera que gobernaba sobre el pueblo. Estos líderes, conocidos como **reyes** o **príncipes**, no solo ejercían poder político y militar, sino que también eran vistos como figuras religiosas y espirituales, lo que se reflejaba en sus enterramientos elaborados.

3. La vida nómada y los roles sociales: La vida nómada de los escitas les exigía una constante movilidad. Viajaban en **carros cubiertos** que servían como hogares móviles, llevando consigo a sus familias, ganado y posesiones. Las mujeres también desempeñaban un papel importante en la sociedad escita. De hecho, algunos relatos, como los de las **amazonas**, han llevado a los historiadores a creer que las mujeres escitas participaban activamente en la guerra, y se han encontrado tumbas de mujeres enterradas con armas, lo que sugiere que algunas de ellas eran guerreras.

La movilidad de los escitas no solo estaba motivada por la necesidad de pastos para su ganado, sino también por su capacidad para adaptarse rápidamente a las demandas de la guerra y el comercio. Su dominio de las estepas les permitió construir una red comercial extensa, conectando Asia y Europa, lo que les proporcionó acceso a bienes valiosos como seda, metales preciosos y textiles.

Tumbas reales y el arte escita

Las **tumbas reales escitas**, conocidas como **kurganes**, son algunos de los monumentos más impresionantes que dejaron los escitas. Estas tumbas, que eran grandes túmulos de tierra, no solo contenían los restos de los gobernantes escitas, sino que también estaban llenas de objetos de gran valor, lo que revela mucho sobre la riqueza, el poder y las creencias religiosas de los escitas.

1. Kurganes: Monumentos funerarios: Los **kurganes** son túmulos funerarios que a menudo alcanzaban alturas considerables, y dentro de ellos se encontraban cámaras funerarias de madera donde los cuerpos de los nobles escitas eran enterrados. Los kurganes más grandes y elaborados eran reservados para los **reyes y aristócratas**, quienes eran sepultados junto con sus pertenencias más valiosas, como armas, joyas, caballos y, en algunos casos, con sus sirvientes o esposas, que eran sacrificados para acompañarlos en la otra vida.

Uno de los más impresionantes descubrimientos de tumbas escitas es el **kurgán de Pazyryk**, en Siberia, donde se encontraron momias excepcionalmente bien conservadas, incluido un noble escita conocido como el **Príncipe de Pazyryk**, así como caballos sacrificados, tapices, objetos de oro y un carro de madera.

El tamaño y la riqueza de los kurganes reflejaban el estatus del difunto, y los escitas creían en una vida después de la muerte en la que el guerrero necesitaba sus bienes materiales para continuar su vida en el más allá. Estas tumbas son testigos de la importancia de los funerales y los ritos religiosos en la cultura escita, así como de su jerarquía social.

2. Arte escita: El **arte escita** es famoso por su estilo distintivo y su enfoque en motivos animales. Este estilo, conocido como **"estilo animal escita"**, presentaba imágenes dinámicas y estilizadas de animales, como ciervos, felinos, caballos, y aves rapaces, que simbolizaban fuerza, velocidad y poder. Estas imágenes eran comunes en joyas, armas y objetos ceremoniales, y a menudo se creaban utilizando oro y otros metales preciosos.

El oro, en particular, era un material prominente en el arte escita, y los arqueólogos han desenterrado numerosas piezas de oro, como pendientes, collares, placas y copas, que revelan un alto nivel de habilidad artesanal. Muchas de estas piezas de oro fueron enterradas junto con los reyes y nobles en los kurganes, como una muestra de su estatus y poder.

Las influencias artísticas de otras culturas también eran evidentes en el arte escita, ya que sus rutas comerciales los conectaban con civilizaciones como Persia, Grecia y China. Por ejemplo, algunos objetos descubiertos en las tumbas escitas muestran un estilo híbrido que combina elementos del arte griego clásico con el estilo animal escita.

Relaciones con otras civilizaciones antiguas

A pesar de su estilo de vida nómada, los escitas no vivían

en aislamiento. A lo largo de los siglos, interactuaron con una variedad de civilizaciones, desde los persas hasta los griegos, y participaron activamente en el comercio y los conflictos militares con sus vecinos.

1. Relaciones con Persia: Uno de los episodios más notables en la historia de los escitas fue su conflicto con el Imperio Persa. En el siglo VI a.C., el rey persa **Darío I** intentó conquistar las tierras de los escitas, lanzando una campaña militar hacia las estepas del norte del Mar Negro. Sin embargo, los escitas, debido a su estilo de vida nómada y su conocimiento del terreno, evitaron una batalla frontal y utilizaron tácticas de guerrilla, lo que resultó en el fracaso de la campaña persa.

Aunque Darío no logró someter a los escitas, las relaciones entre ambas civilizaciones no siempre fueron hostiles. Durante el período aqueménida, los escitas mantuvieron relaciones comerciales con los persas, intercambiando bienes como caballos, oro y textiles.

2. Contacto con los griegos: Los **griegos** también tuvieron una relación significativa con los escitas. Las colonias griegas establecidas a lo largo de la costa norte del Mar Negro, como **Olbia** y **Panticapea**, comerciaban activamente con los escitas. Los griegos apreciaban especialmente los caballos y el oro escita, mientras que los escitas adquirían productos manufacturados griegos, como cerámica y textiles.

Los griegos también escribieron extensamente sobre los escitas. **Heródoto**, conocido como el "padre de la historia", proporciona una de las descripciones más detalladas de los escitas en su obra **Historias**. Aunque algunas de sus narraciones están basadas en mitos y relatos orales, sus escritos son una fuente clave para entender la vida de los escitas.

Además, los griegos y escitas compartieron una **influencia artística mutua**, como se puede ver en los objetos de oro y otros artefactos que combinan elementos del estilo griego con motivos escitas.

3. Relaciones con otras culturas nómadas: Los escitas también mantuvieron contacto con otras culturas nómadas de las estepas euroasiáticas. A menudo, las relaciones entre estas culturas eran de competencia por los recursos y el territorio, pero también existían alianzas y matrimonios entre tribus nómadas. Los escitas, debido a su ubicación estratégica, actuaban como intermediarios entre las civilizaciones sedentarias del oeste y otras tribus nómadas de Asia Central.

El declive y desaparición de los escitas

A pesar de su éxito inicial y su dominio de las estepas euroasiáticas, los escitas comenzaron a declinar a medida que nuevas fuerzas emergían en la región. Su desaparición como civilización dominante fue gradual, pero se debió a una combinación de factores internos y externos.

1. La presión de nuevas tribus nómadas: A partir del siglo III a.C., los escitas comenzaron a enfrentar la presión de otras tribus nómadas, como los **sármatas**, que migraban hacia el oeste desde Asia Central. Los sármatas, al igual que los escitas, eran jinetes expertos y guerreros feroces, y comenzaron a desplazar a los escitas de sus territorios tradicionales en las estepas del norte del Mar Negro.

Con el tiempo, los sármatas reemplazaron a los escitas como la principal potencia nómada de la región, y los escitas fueron empujados hacia el oeste, hacia las costas del Mar Negro y la península de Crimea. Aunque los escitas mantuvieron algunas áreas bajo su control, como el Reino del Bósforo, su poder e influencia disminuyeron considerablemente.

2. Influencias externas y la helenización: La expansión del mundo griego y romano también contribuyó al declive de los escitas. Los **griegos** comenzaron a establecer colonias en las tierras escitas, lo que llevó a una mayor influencia cultural y comercial griega sobre los escitas. Los escitas adoptaron algunos elementos del estilo de vida griego, y las élites escitas se helenizaron progresivamente, lo que diluyó su identidad nómada y guerrera.

Más tarde, el **Imperio Romano** expandió su control hacia la región del Mar Negro, lo que contribuyó a una mayor erosión del poder escita. La llegada de los romanos marcó el final de la autonomía de los últimos territorios escitas en Crimea.

3. El final de los escitas: Hacia el siglo III d.C., los escitas habían desaparecido casi por completo como una fuerza política significativa. Aunque algunas tribus escitas sobrevivieron en pequeñas áreas y se integraron en las sociedades locales, su cultura nómada fue reemplazada por las civilizaciones más sedentarias y urbanizadas que se desarrollaron en la región.

Los sármatas, y más tarde los godos y los hunos, tomaron el control de las estepas, ocupando el lugar que los escitas habían dejado vacante. La influencia escita, sin embargo, perduró en las culturas que los sucedieron, especialmente en lo que respecta a la tradición ecuestre y la movilidad nómada.

A pesar de su eventual desaparición, los **escitas** dejaron un legado duradero en la historia de Eurasia. Su habilidad para adaptarse a las duras condiciones de las estepas, su destreza como guerreros y su riqueza cultural y artística los convierten en una de las civilizaciones más intrigantes del mundo antiguo. Los descubrimientos arqueológicos de sus tumbas reales y su arte siguen sorprendiendo a los estudiosos, y su influencia en las culturas nómadas posteriores es incuestionable. Aunque ya no existen como un pueblo identificable, los escitas siguen siendo recordados como los **guerreros de las estepas**, una civilización que dominó las vastas llanuras euroasiáticas durante siglos.

CAPÍTULO 17: LOS ETRUSCOS – LA CIVILIZACIÓN QUE PRECEDIÓ A ROMA

Los **etruscos**, una civilización enigmática que habitó la península itálica, fueron una de las principales influencias en la cultura y formación de la antigua Roma. Desde aproximadamente el siglo VIII a.C. hasta su desaparición como entidad independiente en el siglo I a.C., los etruscos desarrollaron una cultura avanzada con un sistema de escritura único, una religión compleja y una sociedad que prosperaba a través de la agricultura, el comercio y la minería. Aunque los romanos absorbieron gran parte de su cultura, los etruscos mantuvieron una identidad propia durante siglos. Este capítulo explora los misterios de la lengua etrusca, su cultura y religión, su influencia en la fundación de Roma, y las teorías sobre su desaparición e integración en la civilización romana.

El misterio de la lengua etrusca

El idioma etrusco es uno de los mayores enigmas de la historia antigua. Aunque se conservan inscripciones y textos en etrusco, la lengua sigue siendo solo parcialmente descifrada, lo que dificulta el estudio de su historia y cultura en profundidad.

1. Orígenes y características de la lengua: La lengua etrusca no parece estar relacionada con ninguna lengua indoeuropea, como el latín, griego o las lenguas celtas, lo que ha desconcertado a los lingüistas durante siglos. La teoría más extendida es que el etrusco pertenece a una familia lingüística extinta y que está relacionado con lenguas preindoeuropeas. Algunos estudiosos han propuesto una posible conexión con la lengua **retia** del norte de Italia, pero esta hipótesis sigue siendo controvertida.

El alfabeto etrusco estaba basado en el **alfabeto griego** de la colonia de Cumas, en el sur de Italia, pero adaptado para las particularidades del idioma etrusco. Los etruscos utilizaron este alfabeto para escribir inscripciones en piedra, metal, cerámica y papiros. Aunque se han descifrado sus letras y sonidos, el vocabulario y la gramática siguen siendo difíciles de interpretar, lo que limita la comprensión de sus textos.

2. Inscripciones y textos etruscos: A lo largo de los siglos, se han descubierto numerosas inscripciones etruscas en tumbas, monumentos y objetos cotidianos. La **Piedra de Pirgi**, una de las inscripciones más largas conocidas, contiene un texto en etrusco y otro en fenicio, lo que ha proporcionado algunas claves para interpretar su lengua. Además, la **Tablilla de Zagreb**, un largo texto religioso etrusco en lino, ha sido de gran importancia para el estudio de su idioma y cultura religiosa.

Sin embargo, aunque estos textos ofrecen algunas pistas sobre la lengua etrusca, su contenido es difícil de descifrar debido a las complejidades lingüísticas. La mayoría de las inscripciones conocidas son textos funerarios y dedicaciones religiosas, que ofrecen pocas palabras del vocabulario etrusco y aún menos sobre su gramática. Esto ha generado muchas teorías y especulaciones sobre el origen y la naturaleza de su idioma, pero, hasta ahora, los estudios no han llegado a un consenso claro.

3. Teorías sobre su origen lingüístico: Las teorías sobre los orígenes de la lengua etrusca son diversas. Algunos historiadores han planteado la hipótesis de que los etruscos podrían haber emigrado desde **Anatolia** o el **Egeo**, basándose en la afirmación de **Heródoto** de que los etruscos descendían de los lidios, un pueblo de Anatolia. Esta teoría sugiere que los etruscos podrían haber llegado a Italia alrededor del siglo XII a.C. Sin embargo, otros estudiosos, como **Dionisio de Halicarnaso**, sostenían que los etruscos eran indígenas de Italia y que su lengua se desarrolló localmente.

Recientemente, los estudios de **ADN antiguo** han aportado cierta evidencia en apoyo a la idea de que los etruscos tenían raíces locales, ya que muestran que los etruscos compartían una gran similitud genética con otras poblaciones antiguas de la región. Esta teoría ha ganado popularidad, aunque el misterio del idioma etrusco persiste, y la falta de una relación clara con otras lenguas dificulta la confirmación de su origen.

La cultura y religión etrusca

La cultura etrusca fue rica y compleja, con una organización social, política y religiosa que se distinguía de las civilizaciones vecinas. La religión, en particular, fue una parte fundamental de la vida etrusca, y muchas prácticas religiosas etruscas influyeron en la religión romana.

1. Organización social y política: La sociedad etrusca estaba organizada en **ciudades-estado** independientes, similares a las polis griegas, que incluían ciudades como **Tarquinii**, **Cerveteri**, **Vulci** y **Veii**. Estas ciudades-estado mantenían su autonomía y a menudo se unían en una confederación conocida como la **Liga Etrusca**. Aunque cooperaban en cuestiones religiosas y defensivas, cada ciudad tenía su propio sistema de gobierno y leyes.

La sociedad etrusca estaba dividida en clases sociales, con una élite aristocrática que controlaba la política y la economía. Esta clase superior vivía en mansiones decoradas y disfrutaba de un alto nivel de vida, como lo demuestran los lujosos bienes encontrados en sus tumbas. Los campesinos, artesanos y esclavos constituían las clases bajas de la sociedad etrusca, aunque los artesanos y comerciantes gozaban de cierto estatus debido a sus habilidades y al papel que desempeñaban en el comercio.

2. La religión etrusca: La religión fue un elemento central en la vida etrusca, caracterizada por una gran cantidad de deidades y un sistema ritual complejo. Los etruscos creían que los dioses estaban presentes en todos los aspectos de la naturaleza y que los eventos naturales eran señales divinas. Desarrollaron una forma de **adivinación** conocida como **haruspicina**, que consistía en interpretar los órganos de animales sacrificados, especialmente el hígado, para predecir el futuro. Esta práctica fue adoptada por los romanos y se convirtió en una parte importante de su religión.

El panteón etrusco incluía deidades como **Tinia**, el dios supremo, equivalente al Zeus griego; **Uni**, una diosa madre comparable a Hera; y **Menrva**, una diosa de la guerra y la sabiduría similar a Atenea. Además, los etruscos creían en espíritus malignos y en un inframundo, y realizaban ritos funerarios complejos para asegurar que los muertos alcanzaran el descanso eterno. Los frescos en las tumbas etruscas muestran imágenes de banquetes, bailes y música, lo que sugiere que los etruscos creían en una vida después de la muerte que reflejaba los placeres de la vida terrenal.

3. Arte y arquitectura funeraria: La cultura etrusca es famosa por sus tumbas, que estaban decoradas con frescos y contenían una gran variedad de bienes funerarios, lo que refleja su creencia en una vida después de la muerte. Las **tumbas etruscas** fueron construidas en cámaras subterráneas dentro de necrópolis, como la de **Cerveteri** y **Tarquinia**. Estas tumbas estaban ricamente decoradas con murales que representaban escenas de banquetes, caza y danzas rituales, y también contenían joyas, armas y objetos de la vida cotidiana.

El arte etrusco se caracterizaba por el uso de terracota y bronce, y los etruscos fueron hábiles escultores y orfebres. Las estatuas de bronce, los sarcófagos tallados y las joyas etruscas muestran una habilidad artesanal excepcional. Además, la influencia griega es evidente en el arte etrusco, ya que adoptaron estilos y motivos griegos, aunque con adaptaciones propias que reflejaban su identidad cultural única.

La influencia en la fundación de Roma

La civilización etrusca desempeñó un papel fundamental en el desarrollo de Roma. Los etruscos dominaron Roma durante gran parte de su historia temprana y dejaron una huella duradera en su cultura, arquitectura, religión y gobierno.

1. Los reyes etruscos de Roma: La tradición romana menciona a varios reyes etruscos que gobernaron Roma antes del establecimiento de la república en el 509 a.C. Los más destacados fueron **Tarquinio Prisco**, **Servio Tulio** y **Tarquinio el Soberbio**. Durante este período, los etruscos introdujeron importantes innovaciones en Roma, como la organización militar y la construcción de obras públicas.

Tarquinio Prisco fue el responsable de la construcción del **Circo Máximo**, un gran estadio para carreras de carros, y de la **Cloaca Máxima**, un sistema de drenaje que mejoró la infraestructura de la ciudad. Servio Tulio, otro rey etrusco, reorganizó la estructura social de Roma en clases y tribus, un sistema que se mantendría durante siglos. Sin embargo, la influencia etrusca terminó con el derrocamiento de Tarquinio el Soberbio, el último rey de Roma, lo que dio paso a la instauración de la **República Romana**.

2. La arquitectura y urbanismo en Roma: Los etruscos introdujeron el uso de materiales como la **piedra** y la **terracota** en la arquitectura romana. Además, trajeron el conocimiento de la construcción de arcos, una técnica que los romanos perfeccionaron y utilizaron ampliamente en acueductos, puentes y templos. Los templos romanos, como el **Templo de Júpiter Capitolino**, fueron construidos siguiendo modelos etruscos, con un pórtico en la parte delantera y un profundo pronaos, y se decoraban con estatuas de terracota.

Los etruscos también introdujeron el concepto de **divinización** del espacio urbano, es decir, que el trazado de la ciudad debía alinearse según la voluntad de los dioses. Esta práctica influyó en la forma en que los romanos planificaron sus ciudades, lo que se reflejaba en el uso del **cardo** y el **decumano**, las dos principales calles que cruzaban las ciudades romanas.

3. Influencia religiosa y rituales: La religión romana fue profundamente influenciada por los etruscos, quienes introdujeron prácticas religiosas como la **haruspicina** y la **auguría**. Los sacerdotes etruscos, conocidos como **haruspices** y **augures**, interpretaron los signos divinos y los fenómenos naturales, una tradición que los romanos adoptaron y que jugaría un papel importante en su vida pública y privada.

Además, los romanos adoptaron muchas de las deidades etruscas, adaptándolas a su propio panteón. La triada capitolina de **Júpiter**, **Juno** y **Minerva** en Roma estaba inspirada en las deidades etruscas Tinia, Uni y Menrva, y los templos romanos dedicados a estas deidades reflejan la arquitectura y diseño etruscos.

Teorías sobre su desaparición e integración en Roma

La desaparición de los etruscos como civilización independiente fue un proceso gradual de integración en el sistema romano. A pesar de su influencia inicial, los etruscos fueron absorbidos por la expansión romana y, finalmente, dejaron de existir como una entidad política y cultural autónoma.

1. La expansión de Roma: La **expansión romana** hacia el norte de Italia fue uno de los factores principales que llevaron a la integración y eventual desaparición de los etruscos. Roma, en su proceso de consolidación, conquistó progresivamente las ciudades etruscas durante el siglo IV y III a.C. Las ciudades-estado etruscas, que a menudo luchaban entre sí, no lograron organizar una resistencia unificada contra Roma, lo que facilitó su conquista.

Con cada ciudad etrusca que caía bajo el dominio romano, las tradiciones, leyes y cultura etruscas se vieron obligadas a adaptarse al sistema romano. A medida que Roma expandía su influencia, los etruscos fueron perdiendo autonomía y poder, y su identidad cultural comenzó a fusionarse con la romana.

2. La romanización y pérdida de identidad: A medida que Roma consolidaba su dominio sobre los etruscos, comenzó un proceso de **romanización** que incluía la adopción de la lengua, las leyes y las costumbres romanas. Los etruscos comenzaron a hablar latín y adoptaron la ciudadanía romana. Aunque algunas tradiciones etruscas, como los ritos funerarios y las prácticas religiosas, persistieron durante un tiempo, gradualmente se fueron perdiendo en favor de las prácticas romanas.

La educación romana, que se extendió por el territorio etrusco, contribuyó a la pérdida de la lengua y la escritura etrusca. Al no ser transmitida a las nuevas generaciones, la lengua etrusca desapareció, y con ella, gran parte de la identidad cultural etrusca.

3. La influencia duradera en Roma: Aunque los etruscos dejaron de existir como una civilización autónoma, su legado perduró en la cultura romana. La religión, la arquitectura, la organización social y política de Roma reflejaban la profunda influencia etrusca. La aristocracia romana, en particular, mantenía un respeto por las tradiciones etruscas, y muchas de las prácticas ceremoniales en el Senado y los ritos religiosos de Roma tienen raíces etruscas.

Además, el simbolismo etrusco se mantuvo en Roma. La **toga**, símbolo del estatus social romano, y el uso de los **fascis**, un símbolo de autoridad en Roma, eran tradiciones etruscas que los romanos adoptaron y conservaron.

Los **etruscos** fueron una civilización sofisticada que dejó una huella indeleble en la historia y cultura de Roma. A través de su arte, religión, arquitectura y sistema de gobierno, los etruscos influyeron en la Roma que conocemos hoy. Aunque finalmente desaparecieron, absorbidos por la expansión romana, su legado vive en la civilización romana y, a través de ella, en el mundo occidental. La historia de los etruscos, aunque parcialmente perdida, sigue fascinando a los estudiosos y arqueólogos, y su contribución a la civilización romana destaca el impacto duradero de esta civilización enigmática.

CAPÍTULO 18: LOS GUANCHES – LOS HABITANTES ORIGINALES DE LAS ISLAS CANARIAS

Los **guanches**, los habitantes originales de las Islas Canarias, representan una de las civilizaciones antiguas más misteriosas y fascinantes de la región atlántica. Aunque su cultura desapareció rápidamente tras la llegada de los colonizadores europeos en el siglo XV, los guanches dejaron una profunda huella en la historia y en la cultura de las islas. Este capítulo explora los enigmas de su origen, su cultura y costumbres, el impacto de la colonización europea y la manera en que su legado persiste en la sociedad canaria moderna.

Los enigmas de su origen y llegada a las islas

El origen de los guanches ha sido un tema de especulación e investigación durante siglos. Las islas Canarias, ubicadas a unos 100 km de la costa noroeste de África, estaban habitadas por estos pueblos antes de la llegada de los europeos, y la cuestión de cómo y cuándo llegaron a las islas es uno de los grandes enigmas de la historia antigua.

1. Teorías sobre su origen: Existen varias teorías sobre el origen de los guanches, pero la mayoría de los estudios genéticos y lingüísticos actuales sugieren que provenían del **norte de África**, probablemente de los antiguos bereberes. Esta hipótesis se basa en las similitudes entre los restos de ADN de los guanches y las poblaciones bereberes actuales. Las lenguas que hablaban, aunque desaparecieron con el tiempo, parecen estar relacionadas con el **amazigh** o lengua bereber del norte de África, lo cual respalda la teoría de un origen norteafricano.

2. La llegada a las islas: El medio de transporte que utilizaron los guanches para llegar a las Islas Canarias es otro de los grandes misterios. Se desconoce si llegaron por accidente, arrastrados por corrientes marinas, o si contaban con algún tipo de embarcación rudimentaria. Aunque los guanches no poseían embarcaciones avanzadas, lo que indica que su conexión con el mundo exterior era limitada, los estudios sugieren que podrían haber llegado a las islas entre el primer milenio a.C. y el cambio de era.

Algunos historiadores han planteado la posibilidad de que los primeros pobladores de las Canarias fueran **expulsados o desplazados** de sus territorios en el norte de África debido a conflictos tribales o cambios en el clima. Otros proponen que las migraciones pudieron haber ocurrido en varias oleadas a lo largo de los siglos, lo que explicaría la diversidad de prácticas y costumbres entre las diferentes islas.

3. Aislamiento y desarrollo autónomo: Una vez en las islas, los guanches se desarrollaron de manera aislada, lo que condujo a la creación de una cultura y un sistema de vida propios. Este aislamiento se debió, en gran parte, a la falta de medios de transporte entre las islas y el continente africano, lo que los obligó a adaptarse y a desarrollar su cultura de manera independiente. Las diferencias entre las prácticas culturales de las diversas islas sugieren que, aunque compartían un origen común, cada isla desarrolló su propio estilo de vida y organización social.

Cultura y costumbres de los guanches

La vida de los guanches estaba profundamente influenciada por su entorno natural, y desarrollaron una cultura única que se adaptaba a las condiciones de las Islas Canarias. Sus prácticas culturales incluían una economía de subsistencia basada en la agricultura y la ganadería, un sistema de creencias religiosas complejas y una rica tradición oral.

1. Organización social y política: Los guanches vivían en **tribus** o **reinos** independientes, cada uno de los cuales tenía su propio **mencey** o jefe. En la isla de Tenerife, por ejemplo, los menceyatos eran las unidades políticas independientes que se dividían en varias comarcas, cada una con su propio líder y territorio. Esta estructura política se caracterizaba por la autonomía local y la cooperación entre los clanes. El menceyato de **Tenerife** fue uno de los más conocidos, debido a su resistencia a los conquistadores españoles.

Los guanches valoraban la lealtad y el honor, y la justicia se administraba a través de consejos de ancianos que resolvían disputas y aplicaban las leyes de la tribu. Los castigos para los delitos graves, como el robo o la traición, eran severos y podían incluir el exilio o incluso la muerte, lo que indica que los guanches contaban con un sistema legal bien definido.

2. Economía: Agricultura, ganadería y caza: La economía de los guanches se basaba principalmente en la **agricultura de subsistencia**, la ganadería y la caza. Los guanches cultivaban cereales, principalmente cebada y trigo, que molían para hacer **gofio**, un tipo de harina tostada que se considera uno de los alimentos básicos de la dieta guanche. Además, criaban **cabras y ovejas**, de las que obtenían leche, carne y pieles para vestimenta.

La caza también desempeñaba un papel importante en su dieta y era realizada principalmente por los hombres. Los guanches cazaban animales autóctonos de las islas, como el lagarto gigante y el ratón de las Canarias, aunque la cría de ganado les proporcionaba la mayor parte de su alimento.

3. Costumbres y prácticas religiosas: La religión de los guanches era **politeísta** y estaba profundamente vinculada a los elementos naturales. Creían en varias deidades, como **Achamán**, el dios supremo de Tenerife, y **Magec**, el dios del sol. Los guanches veneraban a sus dioses en lugares sagrados, como montañas, cuevas y barrancos, donde realizaban sacrificios y ofrendas de alimentos y animales.

La **momia guanche** es uno de los aspectos más notables de sus prácticas funerarias. Los guanches practicaban la **momificación** de sus muertos, especialmente de las élites, lo que revela un conocimiento avanzado de los procesos de preservación. Las momias, cuidadosamente envueltas en pieles y enterradas en cuevas, sugieren una fuerte creencia en la vida después de la muerte y un respeto profundo por los ancestros. La momificación de los guanches es única en el contexto europeo, y solo se encuentran prácticas similares en Egipto y América del Sur.

4. **Cultura material y arte:** Los guanches producían una variedad de herramientas y artefactos hechos de piedra, hueso, madera y cerámica. Su cerámica era relativamente simple y no utilizaban el torno, pero lograban crear vasijas funcionales con decoraciones incisas. Los guanches también eran hábiles en el trabajo de la piedra, produciendo **guijarros** y herramientas de obsidiana que usaban para cazar y procesar alimentos.

En cuanto a la vestimenta, los guanches utilizaban **pieles de animales** para protegerse del frío y cubrirse, y en algunas islas empleaban tejidos de fibras vegetales. En Tenerife, se ha documentado el uso de una prenda llamada **tamarco**, hecha de cuero, que era usada principalmente por los menceyes y otros líderes de alto estatus.

La llegada de los colonizadores europeos

La llegada de los europeos, especialmente los castellanos, en el siglo XV marcó el principio del fin para la cultura guanche. La colonización de las Islas Canarias fue un proceso violento que resultó en la desaparición de gran parte de la población guanche y en la absorción de sus costumbres por los conquistadores.

1. Primeros contactos e intereses europeos: Las Islas Canarias fueron conocidas por los europeos desde tiempos antiguos, y se mencionan en textos griegos y romanos bajo nombres míticos como las **Islas Afortunadas**. Sin embargo, el interés de los europeos por las islas aumentó en el siglo XIV, cuando marinos y comerciantes genoveses y portugueses comenzaron a visitarlas, atraídos por su posición estratégica en las rutas comerciales hacia África y las Américas.

Los europeos pronto comprendieron el valor agrícola de las islas y comenzaron a establecer asentamientos y **plantaciones de caña de azúcar**, que requerían mano de obra. Este interés económico, unido a la expansión de los reinos ibéricos, llevó a la conquista de las islas por los castellanos.

2. La conquista y resistencia guanche: La conquista castellana de las Islas Canarias comenzó en 1402, liderada por **Jean de Béthencourt** y culminó en 1496 con la rendición de Tenerife, la última isla en caer. La resistencia de los guanches, especialmente en Tenerife, fue feroz, y los menceyes locales, como **Bencomo** y **Tinguaro**, lideraron la defensa contra los invasores. Sin embargo, la superioridad militar de los castellanos y la introducción de enfermedades europeas, como la viruela, diezmaron rápidamente a la población guanche.

La **Batalla de Acentejo**, uno de los enfrentamientos más significativos, mostró la valentía de los guanches, quienes lograron vencer temporalmente a los conquistadores en 1494. Sin embargo, en una batalla posterior, los guanches fueron derrotados, y Tenerife fue finalmente incorporada a la corona de Castilla.

3. La colonización y desaparición cultural: Tras la conquista, los guanches fueron sometidos y sus tierras repartidas entre los colonizadores. La población guanche fue en gran parte exterminada debido a la guerra, las enfermedades y la esclavitud. Muchos fueron vendidos como esclavos y enviados a la península ibérica, mientras que otros fueron forzados a trabajar en plantaciones y minas.

Con la llegada del catolicismo, las prácticas religiosas de los guanches fueron suprimidas, y sus deidades y rituales fueron reemplazados por el culto cristiano. Las cuevas sagradas y otros sitios de veneración fueron abandonados o transformados en lugares cristianos, y la cultura guanche comenzó a desvanecerse.

El impacto cultural en la sociedad canaria moderna

Aunque los guanches desaparecieron como cultura independiente, su legado perdura en las tradiciones, la lengua y la identidad de la sociedad canaria moderna. La influencia guanche se refleja en el folklore, la gastronomía y el sentido de identidad regional de las islas.

1. Huellas lingüísticas: Aunque el idioma guanche desapareció, algunas palabras y nombres guanches han sobrevivido y se han incorporado al español hablado en las Canarias. Estos términos incluyen nombres de lugares, como **Teide** y **Teno**, así como palabras relacionadas con la agricultura y la naturaleza. Algunos nombres de personas también se han preservado, y existe un interés creciente en recuperar el vocabulario guanche en la cultura popular de las islas.

2. Influencia en la gastronomía: El **gofio**, una harina tostada hecha de cereales, es uno de los alimentos básicos de la dieta guanche que ha perdurado en la gastronomía canaria moderna. El gofio es muy valorado en las islas y se utiliza en una variedad de platos, desde postres hasta guisos, como un símbolo de la herencia guanche. Además, la tradición ganadera y agrícola de los guanches ha influido en la cocina local, en la que predominan productos autóctonos como las papas y los quesos de cabra.

3. Tradiciones y costumbres: Algunas costumbres y rituales guanches se han mantenido en la cultura canaria, como ciertos tipos de juegos tradicionales y danzas. El **juego del palo**, una especie de esgrima con palos largos, es una práctica que se cree deriva de los métodos de combate guanche. Asimismo, el **silbo**

gomero, un sistema de comunicación a base de silbidos usado en La Gomera, puede tener raíces en la comunicación a larga distancia empleada por los guanches para moverse en las zonas montañosas.

4. Identidad y orgullo cultural: Hoy en día, muchos canarios sienten un fuerte orgullo por su herencia guanche y reconocen la importancia de los antiguos habitantes de las islas en su identidad regional. Existen museos y sitios arqueológicos que preservan y promueven el conocimiento sobre los guanches, y las celebraciones anuales, como la **fiesta del menceyato**, rinden homenaje a los líderes guanches que resistieron a la conquista.

La historia de los guanches ha sido revalorizada en los últimos años, y muchos canarios ven en esta cultura un símbolo de resistencia y conexión con sus raíces. La arqueología y los estudios culturales han permitido a los canarios redescubrir a los guanches y valorar su contribución a la cultura insular, lo que ha fomentado un sentido de continuidad histórica en la sociedad moderna.

Los **guanches**, aunque desaparecieron como cultura autónoma, dejaron un legado imborrable en las Islas Canarias. Su historia de supervivencia, adaptación y resistencia es una parte esencial de la identidad canaria, y sus costumbres, gastronomía y cultura han perdurado en la sociedad actual. Aunque fueron eclipsados por la colonización, el espíritu de los guanches sigue vivo en la memoria colectiva y en las tradiciones de las islas, siendo una parte fundamental de la historia y cultura del archipiélago canario.

CAPÍTULO 19: LOS HIPERBÓREOS – EL MITO DEL PUEBLO DEL NORTE

Los **hiperbóreos**, un misterioso pueblo mencionado en la mitología griega y otras fuentes antiguas, son uno de los enigmas más fascinantes de la geografía mítica. Se creía que vivían en un lugar lejano en el norte, más allá del alcance de los vientos fríos y las duras condiciones del mundo mortal. Este pueblo mítico era descrito como pacífico, inmortal y bendecido por los dioses, especialmente por **Apolo**, quien viajaba a su tierra cada año para disfrutar de su compañía. En este capítulo, exploraremos los relatos antiguos sobre los hiperbóreos, las teorías sobre su localización, su influencia en la literatura y la cultura, y su impacto en la geografía mítica y la cosmovisión de los antiguos griegos.

Relatos antiguos sobre los hiperbóreos

Las primeras referencias a los hiperbóreos provienen de la mitología griega, donde se los menciona como un pueblo extraordinario que vivía en una tierra lejana en el norte, en un paraíso eterno. Estos relatos los describen como seres afortunados que gozaban de una vida perfecta, lejos de las enfermedades, las guerras y la muerte prematura que afectaban a los mortales.

1. Los hiperbóreos y el dios Apolo: En los textos antiguos, especialmente en los escritos de **Heródoto** y **Píndaro**, se describe a los hiperbóreos como un pueblo especialmente cercano al dios **Apolo**. Se creía que Apolo, el dios de la música, la poesía, la profecía y la medicina, viajaba cada invierno desde Delfos hasta la tierra de los hiperbóreos, donde pasaba los meses fríos antes de regresar al sur para la primavera. En la mitología, se mencionaba que los hiperbóreos celebraban a Apolo con festivales y cantos, y que el dios los protegía y bendecía, haciendo de su tierra un lugar perfecto.

Esta relación especial entre los hiperbóreos y Apolo los colocaba en un plano casi divino, ya que gozaban de la protección directa de un dios. Heródoto también menciona que los hiperbóreos enviaban ofrendas a Delfos, el santuario principal de Apolo, y que estas ofrendas eran transportadas de manera secreta a través de un complejo sistema de intercambio entre tribus del norte hasta llegar a Grecia.

2. La descripción de un pueblo inmortal y feliz: Según las descripciones antiguas, los hiperbóreos vivían en una tierra donde el sol brillaba constantemente y el invierno no existía. Esta tierra de eterna primavera estaba libre de las miserias y dificultades de la vida mortal, y sus habitantes no conocían la enfermedad ni la muerte, o al menos no de la misma forma que el resto de los humanos. Se decía que los hiperbóreos, al alcanzar una edad avanzada, realizaban un acto de entrega voluntaria de sus vidas lanzándose al mar desde un acantilado, un acto que simbolizaba la liberación y la comunión final con los dioses.

3. Fuentes literarias y relatos de autores clásicos: Además de Heródoto y Píndaro, otros autores clásicos mencionaron a los hiperbóreos en sus obras. **Plinio el Viejo**, en su obra **Historia Natural**, menciona la existencia de un pueblo pacífico y civilizado en el norte, cuyo contacto con el resto del mundo era prácticamente inexistente. También **Hesíodo** y **Estrabón** hicieron referencia a los hiperbóreos en sus escritos, aunque cada autor los describe de manera diferente, lo que refleja la ambigüedad y el misterio que rodeaban a este pueblo mítico.

Los relatos sobre los hiperbóreos variaban en cuanto a su localización y características, pero todos coincidían en retratarlos como un pueblo bendecido y en armonía con los dioses, que vivía en un lugar de belleza y paz incomparables.

Teorías y localizaciones propuestas

El enigma de la localización de la tierra de los hiperbóreos ha dado lugar a numerosas teorías. Aunque los antiguos griegos la situaban en el norte, más allá de los límites de su mundo conocido, algunos historiadores, exploradores y estudiosos modernos han propuesto diversas ubicaciones geográficas que podrían haber inspirado la leyenda.

1. Hiperbórea en el Ártico o Escandinavia: Una de las teorías más populares sugiere que los hiperbóreos podrían haber habitado una región en el **Ártico** o en **Escandinavia**. Esta idea se basa en el hecho de que los griegos percibían el norte como una región misteriosa, habitada por pueblos exóticos y desconocidos. Las tierras del norte, con sus largos días de verano y la falta de noches durante varias semanas, habrían parecido un lugar casi mágico para los antiguos griegos, quienes podrían haber asociado estas características con la tierra de los hiperbóreos.

2. Hiperbórea en Siberia o Asia Central: Algunos investigadores han especulado que los relatos sobre los hiperbóreos podrían estar relacionados con pueblos de **Siberia** o **Asia Central**, como los escitas o los pueblos de las estepas euroasiáticas. Estas regiones, caracterizadas por su vastedad y su lejanía, también representaban lo desconocido para los griegos y se asociaban con la idea de un lugar remoto y exótico.

Los mitos sobre los hiperbóreos pueden haber sido una forma de expresar la fascinación por lo que se encontraba más allá de los límites de la civilización griega. Al situar a los hiperbóreos en un lugar tan distante y rodeado de misticismo, los griegos proyectaban su imaginación hacia lo inexplorado, lo cual ha llevado a algunos estudiosos a vincular el mito con pueblos nómadas o tribus de las tierras altas de Asia.

3. Hiperbórea como una isla mítica o continental: Otra teoría sostiene que los hiperbóreos habitaban una **isla mítica** en el océano, más allá del mundo conocido. En los mitos griegos, se mencionaban islas paradisíacas habitadas por seres excepcionales, como las Islas Afortunadas o los Campos Elíseos. Los hiperbóreos, en este sentido, serían una versión de estos habitantes de islas perfectas, cuya ubicación se encontraba fuera del alcance de los mortales.

En la literatura esotérica y en teorías modernas, algunos autores han vinculado la idea de Hiperbórea con **Atlantis** o incluso con una tierra polar mítica, lo que ha llevado a especulaciones sobre una posible civilización avanzada en el Ártico. Estas teorías, aunque no tienen bases arqueológicas, han mantenido el interés en la localización de Hiperbórea como una civilización perdida de la prehistoria.

Influencia del mito en la literatura y la cultura

El mito de los hiperbóreos ha influido en diversas obras literarias, filosóficas y esotéricas a lo largo de los siglos, especialmente en aquellas que exploran temas de utopía, civilizaciones perdidas y los límites del conocimiento humano. La fascinación por los hiperbóreos como una civilización perfecta y pacífica ha convertido su mito en un símbolo recurrente en la literatura y el pensamiento.

1. Utopías en la literatura antigua y moderna: Desde la Antigüedad, los hiperbóreos han sido un símbolo de una sociedad ideal, donde la armonía, la paz y la felicidad prevalecen. En este sentido, el mito de Hiperbórea inspiró ideas sobre **utopías** y sociedades perfectas en la literatura griega y romana. El concepto de un lugar lejano y desconocido, donde los habitantes viven en paz y sin sufrimiento, se ha convertido en un arquetipo que se refleja en numerosas obras de ficción y filosofía.

En épocas más recientes, el mito de los hiperbóreos ha sido retomado en el ámbito de la literatura esotérica, en la que se han publicado teorías sobre Hiperbórea como un paraíso perdido, similar a **Shambhala** o **Avalon**, y como símbolo de una civilización avanzada que existió en tiempos prehistóricos.

2. La cultura nórdica y el renacimiento del mito en el Romanticismo: Durante el **Renacimiento** y el **Romanticismo**, hubo un resurgimiento del interés en los mitos nórdicos y las antiguas civilizaciones del norte de Europa. Escritores y poetas de esta época, fascinados por la idea de los hiperbóreos como un pueblo ideal y desconocido, los integraron en sus obras y los vincularon con temas de exploración, naturaleza salvaje y una vida pura en armonía con el entorno.

Autores como **Friedrich Hölderlin** y **Johann Jakob Bachofen** en el siglo XIX exploraron temas de civilizaciones antiguas y paradisíacas, conectando las ideas de sociedades utópicas con lugares remotos y desconocidos. En el contexto de la literatura nórdica, los hiperbóreos fueron representados como guardianes de un saber y una paz ancestral, y como habitantes de un norte mítico.

3. Hiperbórea en la literatura esotérica y ocultista: El mito de Hiperbórea también ha tenido un lugar prominente en la literatura esotérica y ocultista, especialmente en los siglos XIX y XX. Algunos escritores esotéricos, como **Helena Blavatsky** y otros autores de la **Sociedad Teosófica**, relacionaron a los hiperbóreos con una raza ancestral o una civilización prehumana avanzada que existió antes de las civilizaciones conocidas.

En la literatura de ciencia ficción y fantasía, el mito de los hiperbóreos ha sido reinterpretado de diversas maneras, como en las obras de **H.P. Lovecraft**, quien menciona a Hiperbórea en algunos de sus relatos como una tierra primigenia donde existieron seres sobrenaturales. En este contexto, los hiperbóreos son retratados como guardianes de un conocimiento antiguo y secreto.

El impacto de los hiperbóreos en la geografía mítica

La tierra de los hiperbóreos se convirtió en un elemento fundamental de la geografía mítica griega, ampliando los límites del mundo conocido e inspirando la imaginación sobre tierras lejanas y maravillosas. Al establecer la ubicación de los hiperbóreos en el lejano norte, los griegos proyectaban en ellos un ideal de vida armoniosa y eterna, en contraste con las luchas y sufrimientos del mundo mortal.

1. La geografía mítica griega: Para los antiguos griegos, la geografía del mundo conocido estaba limitada a las tierras alrededor del Mar Mediterráneo y del Mar Negro. Sin embargo, sus relatos mitológicos iban más allá, extendiendo los límites del mundo hacia lugares desconocidos y misteriosos. La tierra de los hiperbóreos se situaba en el lejano norte, más allá del mundo habitado, en una región donde la naturaleza y el clima eran inmutables y eternamente benignos.

Esta geografía mítica griega se completaba con otros lugares como los **Campos Elíseos**, el **Jardín de las Hespérides** y el **Atlántico**, representando diferentes paraísos y territorios donde los mortales solo podían llegar en forma de espíritu o con la ayuda de los dioses. En este contexto, los hiperbóreos no eran simples habitantes de una región lejana, sino guardianes de un mundo ideal que contrarrestaba la realidad mortal.

2. Proyección cultural hacia el norte desconocido: El norte siempre fue percibido como un lugar de misterio y lejanía por las culturas del Mediterráneo, especialmente porque representaba los límites de la civilización conocida. Para los griegos, el norte era sinónimo de aventura, pero también de lo indómito y desconocido. Así, la creación del mito de los hiperbóreos puede interpretarse como una proyección cultural hacia un lugar exótico y remoto, en el cual se preservaban las virtudes más puras de la humanidad.

El mito también influenció la idea de regiones más allá de lo mortal, lo cual inspiró el posterior interés en la exploración de tierras remotas y en la búsqueda de paraísos terrestres y civilizaciones avanzadas que podrían haber existido antes de las culturas conocidas.

3. Hiperbórea como símbolo de trascendencia y eternidad: En la mitología y filosofía griega, el ideal de una tierra de eterna primavera y armonía, habitada por seres puros y pacíficos, representa la búsqueda de trascendencia y perfección que caracterizaba a su pensamiento. Los hiperbóreos, al vivir en un estado perpetuo de juventud y paz, simbolizan la aspiración hacia una vida sin sufrimiento ni limitaciones, una vida en sintonía con los dioses.

El mito de los hiperbóreos, al igual que otros elementos de la geografía mítica griega, influyó en el desarrollo de la filosofía y el pensamiento griego sobre la naturaleza de la humanidad y su lugar en el cosmos. Representaba un ideal de trascendencia, un mundo donde la virtud y la felicidad estaban garantizadas, y donde el contacto directo con lo divino era posible.

El mito de los **hiperbóreos** sigue siendo una de las leyendas más enigmáticas y cautivadoras de la mitología griega. Su influencia ha perdurado a lo largo de los siglos, inspirando exploraciones y búsquedas de civilizaciones perdidas, y manteniendo vivo el ideal de un paraíso lejano, un lugar donde los mortales podrían vivir en armonía con los dioses. Aunque su existencia sigue siendo un misterio, los hiperbóreos permanecen en la imaginación colectiva como un símbolo de esperanza y perfección inalcanzable.

CAPÍTULO 20: LOS TARTESSOS – EL MISTERIO DEL REINO PERDIDO DEL SUR DE LA PENÍNSULA IBÉRICA

Tartessos, un misterioso y legendario reino situado en el sur de la península ibérica, ha sido durante siglos un tema de fascinación para historiadores y arqueólogos. Este enigmático reino, mencionado en fuentes griegas y romanas, era conocido por su riqueza, su avanzada cultura y su posición estratégica en las rutas de comercio mediterráneo. Sin embargo, la civilización de Tartessos desapareció repentinamente, y aún no se ha logrado ubicar de manera concluyente su ciudad capital. En este capítulo exploraremos el esplendor de Tartessos, su comercio y relaciones con otras culturas, las teorías sobre su ubicación y desaparición, así como los descubrimientos arqueológicos recientes que han arrojado luz sobre el misterio de este reino perdido.

Las riquezas y el comercio en Tartessos

Tartessos era famosa en el mundo antiguo por su gran riqueza mineral, especialmente en metales como el oro, la plata, el cobre y el estaño. Situada cerca de la desembocadura del río **Guadalquivir** (posiblemente el río Tartessos mencionado en las fuentes), esta región aprovechó sus recursos naturales y su posición estratégica en las rutas de comercio entre el Mediterráneo y el Atlántico.

1. La riqueza en metales preciosos: Las primeras referencias a Tartessos en la literatura griega mencionan sus fabulosas riquezas. Autores como **Estrabón**, **Heródoto** y **Avieno** describieron a Tartessos como un reino extraordinariamente próspero, y se referían a su abundancia de metales preciosos. La minería fue una de las actividades más importantes en Tartessos, especialmente en la región de la **Sierra Morena** y el **río Tinto**, áreas que contienen algunos de los yacimientos de plata y cobre más ricos de Europa.

Los tartesios desarrollaron técnicas avanzadas para la extracción y procesamiento de estos metales, y se cree que fueron pioneros en el comercio de plata y cobre, lo cual atrajo a pueblos como los fenicios y los griegos a establecer rutas comerciales hacia esta región. Se especula que Tartessos controlaba la minería de metales en toda la región, y que su riqueza permitía a los tartesios vivir en un entorno de lujo y poder.

2. El comercio marítimo y terrestre: La ubicación de Tartessos en el sur de la península ibérica, cerca del estrecho de Gibraltar, hizo de este reino un punto clave para el comercio marítimo en el Mediterráneo. A través de sus puertos, los tartesios comerciaban con productos de lujo como cerámica, tejidos, armas y alimentos, estableciendo una red comercial que conectaba el Mediterráneo oriental con el occidental y extendía su influencia hacia el Atlántico.

Además del comercio de metales, Tartessos era conocida por sus **productos agrícolas y ganaderos**. La fertilidad de las tierras de la región les permitía producir cereales, vino, aceite de oliva y otros productos que eran altamente valorados en el comercio.

La economía tartésica se basaba, por tanto, en una combinación de minería, comercio y agricultura, lo que consolidó a Tartessos como una potencia económica y cultural en el Mediterráneo occidental.

3. Relaciones comerciales y diplomáticas: Tartessos mantenía estrechas relaciones comerciales con varias civilizaciones mediterráneas, especialmente con los fenicios, que fueron los primeros en establecer asentamientos en las costas ibéricas alrededor del siglo VIII a.C. Los fenicios jugaron un papel crucial en el desarrollo comercial de Tartessos, actuando como intermediarios en el intercambio de metales y productos de lujo entre los tartesios y las civilizaciones de Oriente Medio y Egipto.

La relación con los griegos también fue significativa, aunque en menor medida que con los fenicios. Los griegos comerciaban con Tartessos principalmente a través de colonias como **Emporion** (actual Ampurias), en la costa noreste de la península ibérica, y les interesaban los metales preciosos y productos agrícolas de la región. Esta conexión con el mundo griego se refleja en la influencia que los griegos tuvieron en la cultura tartésica y en la propagación de los relatos sobre Tartessos en la literatura clásica.

Las influencias fenicias y griegas

La llegada de los fenicios a la península ibérica alrededor del siglo VIII a.C. marcó un cambio significativo en la cultura de Tartessos, que comenzó a experimentar una transformación tanto en términos económicos como culturales.

1. La influencia fenicia: Los **fenicios** fueron los primeros en establecer contactos con Tartessos, fundando colonias como **Gadir** (Cádiz) y **Malaca** (Málaga), desde donde llevaron a cabo el comercio con los tartesios. Estos colonizadores trajeron consigo no solo productos exóticos y técnicas comerciales, sino también conocimientos en arquitectura, navegación, escritura y religión.

Gracias a la influencia fenicia, los tartesios adoptaron el uso de la **escritura** y desarrollaron un sistema de escritura propio basado en el alfabeto fenicio, que les permitió dejar registros y documentos escritos.

La religión fenicia también influyó en la vida espiritual de Tartessos. Es posible que algunas de las deidades fenicias, como **Melkart** (equivalente al Hércules griego), fueran adoptadas por los tartesios, y que los templos construidos en Gadir y otras ciudades fenicias cercanas se convirtieran en lugares de culto para ambas culturas. La mezcla cultural entre los fenicios y los tartesios enriqueció enormemente la vida religiosa y social del reino, y consolidó su papel en el comercio internacional.

2. La relación con los griegos: Los griegos también mantuvieron relaciones comerciales con Tartessos, aunque su contacto fue más esporádico y limitado debido a la presencia dominante de los fenicios en la región. No obstante, los griegos mostraron gran interés en Tartessos y en sus riquezas, y algunos viajeros griegos se aventuraron a llegar al reino tartésico. Uno de los personajes más conocidos en los relatos griegos es el **rey Argantonio**, quien gobernó Tartessos durante un largo periodo de tiempo y fue descrito como un monarca rico y generoso que ofreció ayuda a los griegos de Focea cuando enfrentaban la amenaza persa.

La influencia griega se puede observar en la cerámica y el arte tartésico, que muestran similitudes estilísticas con la cerámica griega de época arcaica. Además, los griegos trajeron consigo ideas filosóficas y científicas que enriquecieron el pensamiento tartésico y fomentaron un intercambio cultural en ambas direcciones. Esta conexión fue importante para la transmisión de conocimientos y para la expansión de la fama de Tartessos en el mundo helénico.

Teorías sobre la ubicación y desaparición de Tartessos

A pesar de las descripciones de los escritores antiguos, la ubicación exacta de la capital de Tartessos sigue siendo un enigma. Existen varias teorías que intentan identificar el lugar donde estuvo esta ciudad y explicar las razones detrás de su misteriosa desaparición.

1. Posibles ubicaciones de Tartessos: Una de las teorías más aceptadas sugiere que la ciudad de Tartessos se encontraba cerca de la **desembocadura del río Guadalquivir**, en lo que hoy es la provincia de Huelva o Sevilla, una región rica en yacimientos de cobre y plata. Algunos investigadores han propuesto que la ciudad podría estar bajo las marismas de **Doñana**, ya que esta zona muestra signos de actividad humana antigua y posibles restos arqueológicos.

Otras teorías sugieren que Tartessos podría haber estado cerca de las minas de **Riotinto**, en la actual Huelva, una zona de intensa actividad minera desde tiempos antiguos. Sin embargo, debido a la falta de hallazgos concluyentes, la ubicación de la ciudad de Tartessos sigue siendo un misterio.

2. Teorías sobre la desaparición de Tartessos: El repentino colapso de Tartessos ha sido un tema de debate entre los historiadores. Existen varias hipótesis que intentan explicar su desaparición, entre las cuales destacan las siguientes:

- **Cambios en las rutas comerciales:** Con la llegada de los cartagineses a la península ibérica, la estructura comercial cambió, y Tartessos perdió su papel como centro de comercio, lo que debilitó su economía y su influencia. Los cartagineses establecieron sus propias colonias y desplazaron a los tartesios del comercio mediterráneo.

- **Desastres naturales:** Algunos arqueólogos sugieren que Tartessos pudo haber sido destruida por un desastre natural, como un terremoto o una inundación. Esta teoría se basa en la ubicación de Tartessos en una zona propensa a terremotos y a inundaciones debido a la cercanía con el río Guadalquivir.

- **Conflictos bélicos:** Otra teoría plantea que Tartessos

pudo haber sido destruida como resultado de conflictos con otros pueblos, posiblemente con los cartagineses, quienes podrían haber buscado eliminar a un competidor comercial en la región. La expansión cartaginesa en el Mediterráneo occidental habría amenazado la autonomía de Tartessos, y un conflicto armado podría haber sido la causa de su desaparición.

3. La influencia de los cartagineses y romanos: A medida que los cartagineses consolidaron su control sobre el sur de la península ibérica, Tartessos fue absorbida por las nuevas estructuras de poder y comercio. Posteriormente, con la llegada de los **romanos** en el siglo III a.C., cualquier vestigio de la civilización tartésica fue completamente absorbido o destruido. La región fue romanizada y se convirtió en una parte integral del Imperio Romano, perdiéndose así cualquier rastro visible del reino tartésico.

Descubrimientos arqueológicos recientes y teorías modernas

En las últimas décadas, los avances en la arqueología han permitido hacer nuevos descubrimientos que podrían arrojar luz sobre el enigma de Tartessos. Aunque la búsqueda de la ciudad capital sigue sin ofrecer resultados concluyentes, las excavaciones en diversas zonas del sur de España han revelado importantes hallazgos que permiten reconstruir la vida y la cultura tartésica.

1. Excavaciones en el yacimiento de Cancho Roano: Uno de los descubrimientos más importantes relacionados con Tartessos es el **yacimiento de Cancho Roano**, en la provincia de Badajoz. Aunque no se ha identificado directamente con la ciudad de Tartessos, este sitio arqueológico, que data de los siglos VI y V a.C., muestra evidencias de una arquitectura monumental que refleja la influencia fenicia y griega, lo que sugiere que podría haber sido un centro administrativo o religioso tartésico.

El sitio ha revelado restos de edificios y templos, así como objetos de lujo que confirman la riqueza y sofisticación de la cultura tartésica. Además, se han encontrado elementos que indican la existencia de prácticas rituales y sacrificios, lo que refuerza la idea de que Tartessos tenía una vida religiosa compleja y bien organizada.

2. Hallazgos en el río Tinto y las minas de Riotinto: Las minas de **Riotinto**, que han sido explotadas desde tiempos prehistóricos, también han sido objeto de excavaciones que han proporcionado información sobre las actividades mineras de Tartessos. Se han encontrado herramientas y artefactos de bronce y hierro, así como restos de antiguos sistemas de extracción de mineral que sugieren un alto nivel de desarrollo técnico.

Los arqueólogos han concluido que Tartessos tenía un control avanzado sobre la minería y el procesamiento de metales, lo que explicaría su gran riqueza y la atracción que ejercía sobre los comerciantes del Mediterráneo.

3. Teorías modernas sobre Tartessos: Las investigaciones arqueológicas recientes han dado lugar a nuevas teorías sobre la desaparición de Tartessos y su lugar en la historia de la península ibérica. Algunos arqueólogos sugieren que, en lugar de una desaparición repentina, Tartessos experimentó una **transformación cultural** y se integró gradualmente en las nuevas estructuras políticas y económicas impuestas por los cartagineses y romanos. Esta teoría se basa en la continuidad de algunos elementos tartésicos en las culturas iberas y más tarde romanas.

Además, las investigaciones actuales también plantean la posibilidad de que Tartessos fuera más un concepto cultural que una ciudad concreta, un **horizonte cultural** que abarcaba varias ciudades-estado en la región del sur de la península ibérica, con una estructura política descentralizada y flexible.

Tartessos sigue siendo uno de los mayores misterios de la antigüedad. Sus riquezas, su cultura avanzada y su posición estratégica en el comercio mediterráneo lo convirtieron en una civilización próspera, cuya influencia perduró mucho tiempo después de su desaparición. A pesar de los avances en la arqueología, la ubicación de su capital y las razones exactas de su desaparición siguen siendo objeto de especulación. Sin embargo, los recientes hallazgos arqueológicos y las teorías modernas continúan alimentando la búsqueda de respuestas sobre este fascinante reino perdido.

CONCLUSIÓN: EL LEGADO DE LAS CIVILIZACIONES PERDIDAS EN LA HUMANIDAD

A lo largo de la historia, el ascenso y la desaparición de grandes civilizaciones han sido fenómenos que han dejado una profunda huella en la humanidad. Las civilizaciones perdidas, algunas de las cuales han sido redescubiertas a través de la arqueología, y otras que permanecen en el misterio, no solo nos ofrecen una ventana al pasado, sino que también proporcionan lecciones valiosas para el presente y el futuro. En esta conclusión, analizaremos el legado que estas culturas han dejado en la humanidad, las lecciones que podemos aprender de su desaparición y las reflexiones sobre lo que aún podemos descubrir acerca de estos antiguos mundos.

El legado de las civilizaciones perdidas en la humanidad

El legado de las civilizaciones perdidas, aunque en muchos casos olvidado por siglos, ha perdurado en diferentes formas: a través de su arte, arquitectura, conocimientos científicos y filosóficos, y en las narrativas y mitos que conforman la historia de la humanidad. Cada una de estas civilizaciones dejó una marca distintiva en el desarrollo cultural global, contribuyendo a la evolución de sociedades posteriores y moldeando el curso de la historia.

1. Contribuciones tecnológicas y científicas: Muchas de las civilizaciones que han desaparecido dejaron atrás un rico legado de avances tecnológicos y científicos que aún impactan la vida moderna. Los **sumerios**, por ejemplo, nos dieron el primer sistema de escritura, el **cuneiforme**, así como avances en matemáticas, leyes y astronomía. La civilización **maya**, conocida por sus precisos calendarios astronómicos, contribuyó al conocimiento avanzado de las estaciones, los ciclos solares y las predicciones de eclipses.

Además, otras culturas perdidas, como los **fenicios** y los **etruscos**, dejaron contribuciones en navegación, comercio y urbanismo. Los fenicios, por ejemplo, desarrollaron uno de los primeros alfabetos fonéticos, que se convirtió en la base de los alfabetos griego y latino, influyendo profundamente en las lenguas modernas.

Estas innovaciones no solo definieron el progreso en su tiempo, sino que también sirvieron como base para futuros desarrollos. A través de la transmisión de conocimientos y el intercambio cultural, las civilizaciones perdidas han dejado un rastro de descubrimientos que siguen beneficiando a las sociedades contemporáneas.

2. Arte, arquitectura y literatura: Las artes y la arquitectura de las civilizaciones perdidas también continúan inspirando a las sociedades modernas. El legado monumental de civilizaciones como los **egipcios**, con sus pirámides y templos, los **olmecas** con sus colosales cabezas de piedra, o los **nabateos** con la impresionante ciudad de Petra, son testigos del poder, la espiritualidad y la creatividad de estas culturas.

La **literatura** también es un legado fundamental de estas civilizaciones. Los relatos épicos como el **Poema de Gilgamesh**, uno de los textos literarios más antiguos que ha sobrevivido, no solo ofrece una visión de la mitología y la vida de los sumerios, sino que también ha influido en las epopeyas y narrativas posteriores. Los mitos, las leyendas y los textos religiosos de las civilizaciones perdidas han formado las bases de muchas de las religiones y cosmovisiones actuales, y continúan resonando en la filosofía, el arte y la cultura contemporáneos.

3. Influencias políticas y filosóficas: Muchas de las ideas políticas y filosóficas que se originaron en civilizaciones perdidas han perdurado hasta nuestros días. Los **griegos** y **romanos**, por ejemplo, absorbieron muchas influencias de civilizaciones anteriores como los **etruscos** y los **fenicios** en áreas como la organización política, la religión y el derecho. La idea de la **ciudad-estado** y los primeros ejemplos de **democracia** en Atenas derivan en parte de las interacciones con otras culturas antiguas.

Además, la desaparición de algunas civilizaciones, como la de los **mayas**, ha inspirado reflexiones filosóficas y debates sobre los ciclos de auge y caída de las sociedades humanas. Este legado de reflexión sigue siendo relevante en el estudio de los sistemas políticos y la sostenibilidad social en el mundo moderno.

Lecciones de su desaparición para el presente y el futuro

A medida que investigamos las civilizaciones perdidas, no solo descubrimos las contribuciones que hicieron a la humanidad, sino que también obtenemos una comprensión más profunda de las razones detrás de su desaparición. Estas lecciones son fundamentales para las sociedades modernas, ya que nos ofrecen advertencias sobre los desafíos a los que nos enfrentamos hoy.

1. El colapso ambiental y su impacto en las civilizaciones: Uno de los factores clave en la desaparición de muchas civilizaciones fue el colapso ambiental. Los **mayas**, por ejemplo, enfrentaron una serie de cambios climáticos y sequías prolongadas que afectaron la capacidad de la civilización para sostener sus ciudades y cultivos. Los **anasazi** en el suroeste de los Estados Unidos también sufrieron colapsos debido a la sobreexplotación de los recursos y cambios en los patrones climáticos.

Estas civilizaciones, que dependían en gran medida de sus ecosistemas locales, no lograron adaptarse a los cambios ambientales, lo que condujo a su declive. En el contexto moderno, donde el **cambio climático** es una amenaza global, la historia de estas civilizaciones perdidas nos recuerda la importancia de gestionar los recursos de manera sostenible y planificar para el futuro ante condiciones climáticas cambiantes.

2. La sobreexpansión y el conflicto: Otro factor común en la caída de muchas civilizaciones fue la **sobreexpansión territorial** y el conflicto prolongado. Civilizaciones como los **hititas** y los **asirios** se expandieron militarmente más allá de su capacidad para sostener su poder, lo que provocó conflictos internos y externos que contribuyeron a su desaparición. La **Atlántida**, aunque mítica, también simboliza en muchos relatos la arrogancia y la sobreextensión de una sociedad que finalmente cae en desgracia.

El **Imperio Romano**, aunque no desaparecido de la misma manera que las civilizaciones anteriores, ofrece una lección importante sobre los peligros de la expansión imperial y la incapacidad de mantener la estabilidad interna. La combinación de conflictos constantes, una administración desbordada y el colapso de las infraestructuras económicas son advertencias importantes para las sociedades modernas que intentan equilibrar el crecimiento con la sostenibilidad y la paz interna.

3. La importancia de la cohesión social y cultural: La cohesión interna, o la falta de ella, también desempeñó un papel crucial en la caída de civilizaciones como los **sumerios** y los **fenicios**, que estaban divididos en ciudades-estado independientes que no lograron unirse frente a amenazas externas. La falta de cohesión interna y la incapacidad de resolver conflictos políticos o sociales internos de manera pacífica contribuyeron al colapso de varias civilizaciones.

En el mundo actual, donde las divisiones internas y los conflictos sociales son comunes, estas lecciones subrayan la necesidad de mantener la **cohesión social**, el diálogo político y la **colaboración internacional** para evitar la fragmentación y el colapso.

Reflexiones sobre lo que aún podemos descubrir

A pesar de los avances en arqueología y el estudio de la historia antigua, aún queda mucho por descubrir sobre las civilizaciones perdidas. Cada nuevo hallazgo arqueológico, cada texto descifrado y cada teoría revisada nos ofrece la oportunidad de reescribir nuestra comprensión del pasado y, con ella, obtener nuevas perspectivas sobre el presente y el futuro.

1. Descubrimientos arqueológicos futuros: El avance de la tecnología arqueológica, como el uso de **imágenes por satélite**, **LIDAR** (detección por luz y distancia) y análisis de ADN antiguo, ha permitido descubrir sitios ocultos y obtener información más precisa sobre las antiguas civilizaciones. A medida que las técnicas arqueológicas sigan mejorando, es probable que desenterremos más ciudades perdidas, tumbas y artefactos que revelen nuevos detalles sobre civilizaciones como los **tartesios**, los **etruscos** y los **guanches**.

El **descubrimiento reciente de restos submarinos** cerca de la costa de España y el Mediterráneo ha suscitado teorías sobre la posible ubicación de **Atlantis** o de otras civilizaciones perdidas en áreas sumergidas. Estos avances sugieren que algunas de las civilizaciones más esquivas aún podrían estar esperando ser descubiertas.

2. Desciframiento de lenguas y textos perdidos: El desciframiento de lenguas perdidas, como el **lineal B** en el siglo XX, que arrojó luz sobre los micénicos, abre nuevas posibilidades para descubrir más sobre otras lenguas aún no descifradas, como el **lineal A** de los minoicos o la **escritura tartésica**. A medida que los lingüistas y criptógrafos sigan trabajando, es probable que surjan nuevos textos y conocimientos de estas lenguas que iluminen aspectos desconocidos de las civilizaciones perdidas.

3. Reflexiones sobre lo que significa "perderse": El concepto de "civilización perdida" es también un tema de reflexión sobre lo que significa perderse en el tiempo. Muchas de las civilizaciones que hemos considerado perdidas no desaparecieron por completo, sino que **se transformaron** y dejaron su legado en culturas posteriores. Los **fenicios**, por ejemplo, dieron origen a los **cartagineses**, quienes, a su vez, influyeron profundamente en Roma. El estudio de estas transformaciones nos recuerda que la desaparición de una civilización no siempre implica su extinción, sino su evolución.

Las civilizaciones perdidas son más que fragmentos de historia enterrados bajo el suelo; son testimonios de la capacidad humana para construir, crear y adaptarse. Nos recuerdan que el auge y la caída son ciclos naturales en la historia humana y que, en última instancia, las lecciones del pasado pueden servir como guías para el futuro. Aunque algunas civilizaciones desaparecieron por completo, sus logros, ideas y advertencias siguen siendo relevantes hoy en día, iluminando el camino hacia una mayor comprensión de nosotros mismos y del mundo que nos rodea.

ACERCA DEL AUTOR

El autor de *Civilizaciones Perdidas: Misterios de Culturas Antiguas* ha dedicado muchos años de su vida al estudio y la investigación de civilizaciones desaparecidas, explorando los enigmas más fascinantes de la humanidad. Apasionado por los misterios que envuelven a las culturas que alguna vez florecieron y luego se desvanecieron en el tiempo, el autor ha combinado una profunda investigación académica con el uso de tecnologías de vanguardia para reconstruir la historia de estas civilizaciones.

Para desarrollar el contenido de este libro, el autor consultó **fuentes académicas y arqueológicas fiables**, asegurándose de basar sus conclusiones en estudios contrastados y evidencias documentadas. A lo largo de su carrera, ha seguido de cerca las investigaciones más recientes en el campo de la arqueología y la historia, así como los descubrimientos realizados por expertos en todo el mundo.

Además, el autor ha recurrido a las últimas **tecnologías de la información** para ampliar su conocimiento y ofrecer una visión actualizada y accesible al lector. El uso de herramientas digitales avanzadas, como el análisis por **imágenes satelitales**, la tecnología **LIDAR** y el acceso a bases de datos arqueológicas, ha permitido al autor acceder a información precisa y de última generación, arrojando nueva luz sobre civilizaciones que durante mucho tiempo fueron consideradas un misterio.

Con un enfoque riguroso y una curiosidad inagotable, el autor se ha comprometido a desentrañar los secretos de las civilizaciones perdidas y transmitir ese conocimiento a un público más amplio. Este libro no solo es el resultado de años de consulta y reflexión, sino también de un profundo deseo de **conectar el**

pasado con el presente, y de mostrar cómo la historia, incluso cuando está envuelta en el misterio, puede ofrecernos lecciones invaluables para el futuro.